安倍でもわかる保守思想入門

適菜収
Tekina Osamu

KKベストセラーズ

安倍でもわかる保守思想入門

要するに、わたしたちは事物そのものを見ていない。
ほとんどの場合、事物の上に貼り付けられた
ラベルを見ているだけである。

——アンリ＝ルイ・ベルクソン

はじめに　保守とは何か？

なぜ今の日本はダメになってしまったのか？
本書ではその原因を明らかにしていきます。
結論から言えば、近代が理解されていないからです。
そして、それは「保守」が理解されていないことと同義です。

では「保守」とは何か？
「保守」という言葉を聞いて、多くの人がイメージするのは何だろうか？
人によっては、読売新聞や産経新聞かもしれない。
人によっては、レーガンやサッチャーかもしれない。

人によっては、田中角栄や岸信介かもしれない。

人によっては、自民党や右翼かもしれない。

下手をすると、小泉純一郎や石原慎太郎を連想するのかもしれない。

そして今は、安倍晋三が自分のウェブサイトで「闘う保守」を自称する時代である。


安倍が保守を自称することに違和感を覚えない人は多いのかもしれない。

それどころか、安倍を保守だと思っている日本人は、残念ながら少なからず存在する。

一方、本来の意味における「保守」はわが国では少数派です。

そして、保守の対極に位置するような人たちが「われこそは保守である」とわが物顔で振る舞っている。

単なる反共主義者、排外主義者、新自由主義者、グローバリスト、国家主義者、ネット右翼、軍事オタク、ただ声がでかくて威勢のいい人、髪の毛を盛り上げたおばさん……。魑魅魍魎のわけのわからない人たちが保守を自称しているのが現在のわが国の状況です。

要するに保守が変質してしまった。

今の日本では、「保守」を名乗る人物が、特定のイデオロギーに基づき、朝から晩まで抜本的改革を唱え、伝統の破壊に勤しんでいる。

なぜこんなことになってしまったのか？

まずは一度、保守思想をきちんと理解する必要があると思います。

そうすれば、安倍が「保守」の対極に位置する人物であり、大衆社会の腐敗の成れの果てに出現した「左翼グローバリスト」にすぎないことがわかるようになります。

逆に言えば、安倍の言動を振り返ることで、「保守」の本質が見えてくる。

なお、本書の姉妹編に『安倍でもわかる政治思想入門』（KKベストセラーズ）がある。中学生程度の理解力があればわかるように平易に書いたつもりだが、一部の読者から「それでも安倍には難しいのではないか」との指摘を受けた。そこで、本書ではより説明を丁寧にし、安倍および安倍レベルの方々でも「そうだったのか！」と納得していただけるように基礎の基礎から解説した。

章の頭につけたコラムでは、代表的な保守思想家を紹介し、安倍が彼らの対極に位置する人物であることを重点的に示しておいた。

また、姉妹編の復習も兼ねて、「すくすく育てる安倍ドリル」を組み込んだ。小さなお子さまがいる方は、一緒に問題を解いてみてはいかがだろうか。

姉妹編にも書いたが、本書の目的は、安倍個人を批判したり揶揄することではない。安倍には政治や歴史に関する基本的な素養がないが、そこを指摘して溜飲を下げていても仕方がない。ああいうものを担ぎ上げてしまったわれわれの社会こそが反省を迫られているのだ。そういう意味において、安倍の最大の功績は、日本の病を完全に炙り出したことだろう。

本書では安倍という個人を「拡大鏡」として利用しながら、われわれがどのような時代に生きているのかを示していく。

適菜 収

安倍でもわかる保守思想入門

目次

第一章

安倍晋三の見識

第二章

安倍晋三の知性

第三章

安倍晋三の保守観 95

第四章

安倍晋三の歴史観

第五章

安倍晋三の政治力

第六章

安倍晋三の経済観

第一章

安倍晋三の見識

安倍でもわかる
エドマンド・バークのお話

エドマンド・バーク／イギリスの政治思想家。「保守主義の父」として知られる。

「この道しかない」人たち

二〇一五年二月一九日、衆議院予算委員会で、民主党（二〇一六年三月一四日、民進党に改称）の岸本周平が安倍に対して政治信条を問いただした。

たぶん、安倍総理は、ご自分のことは保守政治家の一人であろうと考えておられるのではないかと思います。そこで、保守とは何か、保守政治とは何かというご議論をさせていただきたいんですが、これは定義をしないといけません。

ここで岸本はイギリスの保守思想家エドマンド・バーク（一七二九〜九七年）の名前を出す。

保守政治の前提をどこに置くか。保守とは何か。一言で言うと、人間が不完全であるということを認めるかどうか。人間の理性、人間の知性には限界があるんだということを認めるかどうか。認める立場が保守政治です。人間の理性は完全であって、明るい未来が描けるというのは保守政治ではない。それは、例えばソ連の共産主義であったり、ナチスの全体主義であったり、あるいは、戦争前、おじいさまの岸元総理をはじめとした日本の高級官僚や軍部が満州帝国で実験をした、いわば国家社会主義的な政治というようなもの、これらは人間の知性、理性に全幅の信頼を置く政治であります。

その上で、岸本は「安倍総理はご自身が保守政治家だとお考えなのか」と尋ねる。

安倍はこう答えた。

いわば保守がイズムであるかどうかということは、さまざまな議論があるところなんだろうなと思います。今、例として挙げられたエドマンド・バークが『フランス革命の省察』を書いた。まさに、フランス革命というのは知性万能主義であって、自分たちが正義をつくる。そこで恐怖政治が始まったわけであります。

（中略）

しかし、それは変えてはいけないということではなくて、常に、それを変えてくるときに、先人たちが積み上げてきたもの、なぜ積み上げてきたか。そこに、理性的なアプローチではなくて、積み上がってきたというものの重みをしっかりと感じるということが大切なんだろう、こう思うわけでありまして、今を生きる私たちだけではなくて、過去から現在、そして未来への視座を常に持っていくという考え方なんだろう、こう思うわけであります。

もちろん、岸本は、「安倍は保守政治家ではない」と指摘したいわけだ。

本当に謙虚な気持ちで保守政治家をするのであれば、理性とか知性に限界があるわけですから、この道しかないという物言いは保守政治家はしません。この道しかない、いや、この道もあるけれどもあの道もある、その道もあるかもしれない。

これはそのとおりですね。
バークが否定したのは、安倍が言うような「この道しかない」という発想です。
ここではバークが唱えた保守主義を安倍が理解していないことを示しておきます。

保守と保守主義は何が違うのか？

保守とは何か？
大事なものを「保ち守る」ということです。
その基盤になるものは常識です。
常識は伝統により生成されます。
これで基本的な説明は終わりです。
保守は「常識はずれ」なことが発生したら、常識を「保ち守ろう」とします。
だから、常識がない人は「保守」ではないんですね。

次に保守主義の説明をします。

保守と保守主義は少し違います。

先ほど紹介した国会における答弁で安倍は「保守がイズムであるかどうかということは、さまざまな議論があるところ」などと言っていたが、もちろん「さまざまな議論」など存在しない。あらゆる保守思想家が指摘するように、保守は「イズム」ではない。

逆にイデオロギーを警戒する姿勢のことです。

バークが『フランス革命についての省察』を書いたのは、革命の初期の頃（一七九〇年）でしたが、その末路を見抜くことができたのは、伝統に培われた「常識」があったからです。

だから「常識はずれなことはやめろ」と言った。

もちろん、バーク以前にも常識的な人、保守的な人は大勢いた。当たり前です。

イギリス王ジョージ三世（一七三八～一八二〇年）の専制を批判し、アメリカ独立革命運動を支持した自由主義者のバークが「保守主義の父」と呼ばれるのは、あえて「保守」を意識しなくてはならない時代になったことを告げたからです。

保守とは常識人のことです。

常識人は、「自分は常識人だ」などとわざわざ言いません。

だから、保守は保守を名乗る必要もなかった。

しかし、急激に世の中が変わっていく中、意識的に常識を維持しなければならないようになった。常識に寄り添い、素朴に暮らしていける状況でもなくなった。

そこで、愛着ある日々の生活を守るために、保守主義が発生する。

社会学者のカール・マンハイム（一八九三～一九四七年）も言うように、保守主義は後から意識的に選び取られたものです。そういう意味では、保守主義はあくまでも近代思想です。

本書の姉妹編『安倍でもわかる政治思想入門』でも述べたので、最小限の説明にしておきますが、保守主義の本質は、「人間理性に懐疑的であること」です。抽象的なものを警戒し、現実に立脚する。人間は合理的に動かないし、社会は矛盾を抱えていて当然だという前提から出発する。「伝統の擁護」といった保守の性質も、「理性に対する懐疑」ということで説明できる。非合理的に見える伝統や慣習を理性により裁断することを警戒するわけです。保守が宗教を重視するのも理性の暴走を防ぐためです。

カール・マンハイム／ハンガリー生まれのユダヤ人社会学者。知識社会学を提唱。

中間共同体を重視するのは、近代イデオロギーの暴走を抑える緩衝材《かんしょうざい》を必要とするからです。よって、保守は漸進《ぜんしん》主義になる。つまり、ゆっくりと慎重に改革を進める。改革というより改善です。

バークが自由を重視したのは、対立する意見や利害の多様性こそが、政治のスピードを穏やかなものにし、「常識」を守ることができるからです。

バークは言います。

> あなたがたが自分たちのふるい国家構造とわれわれの現在のそれとにおける、あのようにひじょうに大きな欠陥と考えたこれらの対立抗争する利害は、あらゆる軽率な決定にたいして有益なさまたげをあたえる。それは、熟慮を、選択すべきことではなく必要なこととし、あらゆる変化を、自然に節制をもたらす妥協の問題とする。それらは、あらあらしい、粗野な、無制限な改革の、ひどい害悪を阻止する気質をつくりだし、そして、少数者または多数者の専制権力のあらゆるむこう見ずな行使を、永遠に実行不能なものとする。
>
> (『フランス革命についての省察』)

「偏見」の擁護

一方、人間理性を信仰するのが左翼です。

啓蒙《けいもう》思想とは、理性の光により未開な人間の「蒙《もう》を啓《ひら》く」という運動です。そして理性の拡大の延長線上に理想社会を見いだそうとする。

彼らは理性、理念、合理、抽象が大好きです。きちんと論理的な思考を積み上げていけば「正解」にたどり着くと信じている。彼らは歴史にも法則があると思っている。要するに、進歩史観ですね。

こうした社会観や歴史観を信用しないのが保守です。

バークは非合理的なものや先入観を「保守」すべきだと言います。

私は大胆にも、この啓蒙の時代においてつぎのことを告白する。

（中略）

われわれが、自分たちのふるい先入見（プレジュディス）をすべてなげすてるかわりに、それをたいへん大事にしていること、さらに恥ずかしいことには、われわれは、それらが先入見であるがゆえに大事にしているということ、それらが永続し普及すればするほど、われわれはそれらを大事にすることを、私は告白する。人びとが自分自身だけの理性を元手にして生き、商売するようになることを、われわれはおそれる。（同前）

合理主義者は、「古い」という理由だけで壊してしまう。そして新しいものを無邪気に肯定する。こうした「革新の精神は、一般に、利己的な気質と限定された視野との結果である」（同前）

バークは人間の本性はこみいっているし、社会は複雑だと言います。だから、権力の単純な配置や方向づけは、人間の本質、人間の性質に適合しない。

古代共和国を形成した立法者たちは、かれらのしごとが、ひじょうに骨の折れるものであって、大学生の形而上学や徴税人の数学と算術ぐらいの道具では、完成しえないことを知っていた。かれらは、人間たちを取り扱わなければならなかったし、したがって、人間の本性を研究せざるをえなかった。かれらは、市民たちを取り扱わなければならなかったし、したがって、市民生活の諸事情によって伝達される習慣の諸結果を、研究せざるをえなかった。

（中略）

粗野な農夫でさえも、その羊や馬や牡牛《おうし》をいかにより わけ、いかに用いるべきかをよく知っていて、それぞれの種類に適当な食糧と世話と仕事をあたえることなしに、すべてを動物として抽象化し平等化してしまわないだけのじゅうぶんな常識を持っているのにたいして、立法者は、同胞たちの家計者（エコノミスト）・管理者・牧人であるかれ自身が、とりとめのない形而上学者に上昇転化し、かれの畜群については、それが人間一般であるということのほかは何も知ろうとしないことを、恥としたであろう。（同前）

政治とは複雑なものを複雑なまま引き受けることです。

そして社会と人間について考え続けることです。

人間社会は合理的に動いていないので、そこに理性や合理を持ち込むと地獄が発生する。パリに留学したポル・ポト（一九二五〜九八年）は、理念により社会を変革し、「農夫」を土地から切り離した。

一七九一年六月一四日、フランスの国民議会はル・シャプリエ（一七五四〜九五年）が動議した「同一の身分、職業の労働者および職人の集合に関する法」を可決。すでに廃止されていた同業組合の再建を禁止し、同一の職業の市民が共通の利益のために集合することを禁じた。

安倍政権が農協をはじめとする中間共同体に攻撃を仕掛けたのは偶然ではない。あの手の勢力の行動パターンはいつの時代でも変わらない。

ここまで理解すると、「保守主義」の役割も見えてきます。

保守主義者は、非常識なものに対し、ケチをつけることが仕事なのです。

保守主義は理想を示すものでも、「対案を示す」ものでもない。

むしろ、「対案」により方向を示すことを警戒する。

安倍はよく吉田松陰（一八三〇〜五九年）の名前を出す。ご存じのとおり、吉田は長州の武士で倒幕のイデオローグである。安倍は吉田が引用した孟子（前三七二年頃〜前二八九年頃）の言葉「自らかえりみてなおくんば、一千万人といえどもわれゆかん」がお気に入りのようで、自分が信じた道が間違っていないという確信を得たら断固として突き進むのだと繰り返している。「この道しかない」「この道を。力強く、前へ。」といった安倍政権のスローガンはここに由来するのだろうが、これは保守思想の対極にある発想だ。

フランス革命は理念を掲げて、正義を旗印に、合理的に社会を変革した。理性を神の位置に押し込み、旧来の制度を破壊した。

革命の背後にあるのは、近代啓蒙思想から派生した自由・平等・友愛というイデオロギーであり、理性主義や合理主義です。

バークが批判したのはそこだった。

自由や権利は、先祖から相続されたものであり、抽象ではない。イギリス人には具体的な「イギリス人」の権利があるだけで、それは歴史的に獲得してきたものだ。

抽象的な「人間の権利」「普遍的人権」を唱えた瞬間に、それは現実社会を破壊する凶器となる。

ジャン＝ジャック・ルソー（一七一二〜七八年）を信奉する人権派弁護士のマクシミリアン・ロベスピエール（一七五八〜九四年）は、「自分が信じた道が間違っていない」と確信を得て、「一千万人といえどもわれゆかん」と革命を断行したのである。

その結果、自由は自由の名の下に抑圧され、社会正義と人権の名の下に大量殺戮が行われた。

全体主義の構造を分析した哲学者のハンナ・アレント（一九〇六〜七五年）は言う。

マクシミリアン・ロベスピエール／フランス革命期の政治家。恐怖政治を行った。

われわれの最近の経験とそこから生れた省察とは、かつてエドマンド・バークがフランス革命による人権宣言に反対して述べた有名な論議の正しさを、皮肉にも遅ればせながら認めているように思われる。われわれの経験は、人権が無意味な「抽象」以外の何ものでもないことをいわば実験的に証明したように見える。そして権利とは、生命自体と同じく代々子孫に伝える「継承された遺産」であること、権利とは具体的には「イギリス人の権利」、あるいはドイツ人の、あるいはその他いかなる国であろうと或る国民の権利でしか決してあり得ない故に、自己の権利を奪うべからざる人権として宣言するのは政治的には無意味であることも証明されてしまった。自然法も神の戒律ももはや法の源泉たり得ないとすれば、残る唯一の源泉は事実、ネイションしかないと思われる。すなわち権利は「ネイションから」生れるのであって他のどこからでもなく、ロベスピエールの言う「地球の主権者たる人類」からでは決してない。

（『全体主義の起原』）

ハンナ・アレント／哲学者、思想家。ドイツ出身のユダヤ人でアメリカに亡命した。

自由と平等の暴走

人間の行動には情念や慣習が大きく関与している。

人間はゼロから生まれるのではなく、環境の中に生まれる。

理性的に考えれば、理性で解決できないことのほうが多いことに気づく。

合理的に考えれば、合理が通用しない領域があることがわかる。

そこで反合理になるのではなく、合理に一定の効用を認めておく。

そのバランスを判断するのは「常識」である。

そこには偏見や迷信も含まれるかもしれない。

しかし、それを理性や合理によって切り捨てると、同時に大切なものを失ってしまうと保守は感知する。

バークは言う。


生活についてのふるい意見と規則とが除去されるとき、その損失は、とうていはかりしれない。その瞬間からわれわれは、自分たちを統治するための羅針盤をもたないことになり、自分たちが、どこの港にむかっているかをはっきり知ることができない。

（『フランス革命についての省察』）

最初のコラムなので基礎的なことだけ書いておきます。

誤解をしている人もいますが、保守主義と復古主義、保守と右翼は直接関係ありません。

復古主義や右翼は過去の一時期に理想を見いだす動きであり、理想主義という面においては、未来に理想郷を設定する左翼とそれほど変わらない。

伝統とは一般に人間の行動、発言、思考を支える歴史的に培われてきた制度や慣習、価値観のことです。保守が伝統を重視するのは、個々の事例における先人の判断の集積と考えるからです。

伝統の重視は、過去の美化ではない。

そこが復古主義と違うところです。

保守が過去を重視するのは、未来につなぐためです。だから接点である現在を常に問題にする。

また保守主義は、近代の理想を全否定するものではありません。

左翼のように自由や平等を普遍的価値と捉えないだけです。あらゆる価値は、個別の現実、歴史に付随すると考えるので、「自由」でさえ、絶対の価値とは捉えない。

自由の暴走はアナーキズムに行き着くし、平等の暴走は全体主義に行き着く。

バークが言うように「秩序によって制御されない自由は自由自体を破壊してしまう」のである。

近代とは、平等と自由の拡張運動です。平等の拡張が全体主義という野蛮を生み出した過去を反省するなら、それは自由をも検討の対象にしなければならない。

保守主義者の仕事は法や制度という形で近代的理念に節度を持ち込むことです。

自由が阻害されているときには自由を擁護し、平等が阻害されているときには平等を擁護する。同時に自由と平等の暴走を監視の対象にするのが保守です。


保守は権力を警戒します。

権力の集中が地獄を生み出してきたことを歴史に学ぶからです。

そもそも、保守主義は権力に対する恐怖から生まれたようなものです。

そして、保守思想は、権力をいかに縛るかという思考の下に深化してきた。

二〇一五年の安全保障法制をめぐる騒動の中で、「立憲主義を唱えるのは左翼だ」などと言うミジンコ脳の自称保守が大量に現れたが、もちろん、立憲主義は保守思想の根幹である。

わが国では知的荒廃の結果、権力に追従するのが保守ということになっている。

権力の集中を唱えるのは、左翼全体主義者の典型的な特徴だ。

安倍はテレビ番組で「有権者は議会も行政も非生産的だと思っている。衆院と参院を一緒にして一院制にすべきだ」（二〇一一年二月八日）などと言っていたが、バークが危惧したのはこうした判断のできない「幼児」が、政治をおもちゃのように振り回すことだった。

安倍に読んで聞かせたい
保守思想の名著

『フランス革命についての省察』
エドマンド・バーク著
中公クラシックス
フランス革命初期の段階で、その末路を見通したバークによる名著。

日本語について①　二〇一七年一月二四日　参院本会議

民進党の皆さんだとは一言も言っていない。訂正でんでんという指摘は全く当たりません。

二〇一七年一月二〇日、安倍は衆院本会議で施政方針演説を行い、「批判に明け暮れ、国会でプラカードを掲げても何も生まれない」と野党を批判した。

この発言に対し、民進党の蓮舫が、「われわれが批判に明け暮れているという言い方は訂正してほしい」と迫ると、安倍は「民進党の皆さんだとは一言も言っていない。訂正でんでんとの指摘は当たらない」とドヤ顔で反論（二〇一七年一月二四日）。

「云々」が読めなかったわけで、要するに日本語に対する愛がない。

オバマの広島訪問の際には「原爆でたくさんのシイの方が亡くなった」。なにかと思ったら「市《し》井《せい》」だった。「すべからく」は「すべて」の意味で誤用するし、画一的《かくいつてき》を「ガイチテキ」と読んだという噂もある。

ガセとも思えないのが怖いところ。

もっと怖いのは官僚から与えられたペーパーを何も考えずに読んでいたことだ。文章の意味を追っていたら「でんでん」という言葉が出てくるはずがない。

なお「でんでん現象」というものが存在するらしい。評判の悪いアニメは回を追うごとに視聴者が減り、熱狂的な少数のファン（信者）による絶賛意見だけが残る。その結果、評価が高いアニメのように誤認される現象とのこと。テレビアニメ『伝説の勇者の伝説』が由来とのことだが、安倍が「伝説」になる日も近い。

日本語は大の苦手。

国会での振る舞いについて　二〇一六年九月三〇日　衆院予算委員会

私がスタンディングオベーションをしてくれと一言も言っていない。

二〇一六年九月二一日、安倍は国連総会で演説。核実験や弾道ミサイル発射を繰り返す北朝鮮について「脅威はこれまでと異なる次元に達した。力を結集し、北朝鮮の計画をくじかなくてはならない」「人類の良心に対する挑戦だ」「人権を蹂躙し、権力に対する抑制と均衡が何一つ働かない国」と非難した。

「権力に対する抑制と均衡が何一つ働かない国」

北朝鮮化が進む日本。全国に安倍晋三記念小学校ができる日も近い!?

は北朝鮮だけではない。

二〇一六年九月二六日、安倍は所信表明演説で、北朝鮮の核実験問題を取り上げ、海上保安庁、警察、自衛隊の活躍に対し、「今この場所から、心からの敬意を表そうではありませんか」と呼び掛けた。すると、自民党議員らは一斉に立ち上がり一〇秒近く拍手を続けた。前例のない事態に野党は反発。民進党の細野豪志は「首相自身も拍手したのを見ると『この国の国会ではない』との錯覚を覚えた。立法府と行政府の緊張関係を考えたほうがいい」と批判（九月二〇日）。すると安倍は、「私がスタンディングオベーションをしてくれと一言も言っていない」「どうしてこれがことさら問題なのか私はよく理解ができないわけであります」と逆ギレ。

なお、自民党は議員の起立を「自主的なもの」と説明したが、これも嘘だった。各種報道によると、官房副長官の萩生田光一が事前に指示を出していたようだ。

自民党は党総裁任期を「連続二期六年」から「連続三期九年」に延長する案を決定。副総裁の高村正彦が任期延長を提案したときも、党内から反対意見は出なかった。それどころか任期を区切らず多選制限を撤廃する無制限論まで出たそうな。

わが国の北朝鮮化が止まらない。

移民政策について　二〇一六年九月二一日　ニューヨークの講演

一定の条件を満たせば世界最速級のスピードで永住権を獲得できる国になる。乞うご期待です。

弩級《どきゅう》のバカ発言が飛び出した。

二〇一六年九月二一日、安倍はニューヨークでの講演で「日本の開放性を推進する」として、「一定の条件を満たせば世界最速級のスピードで永住権を獲得できる国になる。乞うご期待です」とアピール。

安倍は「移民政策は毛頭考えていない」などとホラを吹き続けているが、一貫して移民政策を進めている。

世界各国の指導者が移民政策の失敗を認める中、安倍は「移民政策と誤解されないように配慮しつつ（中略）さらなる外国人材の活用の仕組みについても、検討を進めていただきたいと思います。その際、国家戦略特区の活用も含めて検討をしていただきたいと思います」（二〇一四年四月四日　経済財政諮問会議及び経済財政諮問会議・産業競争力会議合同会議）などと指示。

要するに、言葉をごまかしながら、移民政策を一気に押し通すということ。

特区を利用したり、「移民と外国人材は違う！」などと言いながら、グレーゾーンを拡大するやり方だ。

安倍は国に対する卑劣なテロリストである。

安倍が目指すのは、シンガポールのような移民国家。

日本語について② 二〇一六年一二月一六日 首脳会談

プーチン大統領、ウラジーミル。ようこそ、日本へ。日本国民を代表して君を歓迎したいと思います。

女性誌の『女性セブン』がアンケートで「いちばん嫌いな男」を聞いたところ、第一位は安倍晋三だった（二〇一四年年五月八・一五日号）。

安倍は、キャピキャピキャピはしゃいだり、ちょっとしたことで機嫌を損ねたりする。ボールを投げるときは女の子投げだし、走るときはルンルンと両手を前方で振る女の子走り。

見た目は小太りのおばさんだけど、メンタリティーは少しこじらせてしまった思春期の女の子に近い。

二〇一五年九月二九日、ニューヨークでプーチンと安倍が会談。このときは安倍が少しだけ遅刻したが、会場に入るなり満面の笑みを浮かべ、キャピキャピの女の子走りで、プーチンに駆け寄った。この映像がネットに転載され、中国で拡散、「かわいい」「まるで秋田犬」などと話題になった。恥晒しの一言である。

安倍の目には世界は少女マンガ『ベルサイユのばら』のように映っているのだろう。

二〇一六年一二月一六日の首脳会談では、安倍は「プーチン大統領、ウラジーミル。ようこそ、日本へ。日本国民を代表して君を歓迎したいと思います」とファーストネームを連呼。大きく見開かれた安倍の目はうるうる。会見では体をくねらせながら「ウラジーミル」「君」と繰り返した。

一方、プーチンは安倍を「尊敬する総理閣下」「安倍首相」と呼んでいた。

ちなみに安倍は六二歳で、プーチンは二歳年上の六四歳（会談時）。

要するに、常識がない。

ウラジーミル・プーチン／第2代、4代ロシア連邦大統領。KGB出身。

南スーダンの戦闘について　二〇一六年一〇月一二日　衆院予算委員会

南スーダンは、例えば、われわれが今いるこの永田町と比べればはるかに危険な場所だ。

二〇一六年一〇月一二日、安倍は衆院予算委員会で、南スーダンの治安情勢を問われ、「南スーダンは、例えば、われわれが今いるこの永田町と比べればはるかに危険な場所だ」と与太を飛ばした。

陸上自衛隊が国連平和維持活動（PKO）に参加している南スーダンは混乱を極めている。スーダンのジュバでは、市民数百人や中国のPKO隊員が死亡する大規模な戦闘が同年七月に発生。

これについて、安倍は「戦闘行為ではなかった」との認識を示した。

野党議員から「戦闘ではなかったのか」と問われると、「武器を使って殺傷、あるいはモノを破壊する行為はあった」「われわれはいわば勢力と勢力がぶつかったという表現を使っている」と説明。

武器を使って殺傷、あるいはモノを破壊する行為のことを「戦闘」というのである。

勢力と勢力がぶつかることは「戦闘」以外のなにものでもない。

陸上自衛隊の日報で現地の「戦闘」が報告されていたことが発覚すると、防衛相の稲田朋美は、「事実行為としての殺傷行為はあったが、憲法九条上の問題になる言葉は使うべきではないことから、武力衝突という言葉を使っている」と発言。

要するに、国が憲法違反をやっていると公言したわけだ。

バカが国のトップにいるのだから、永田町は南スーダンよりはるかに危険かもしれない。

稲田朋美／弁護士、自民党の衆議院議員。第15代防衛大臣。

シリアの難民について　二〇一五年一月二五日　NHK『日曜討論』

シリアからの難民、現政権にも大きな原因がありますが、同時にイスラム国、ISILの振る舞いにも大きな原因があるわけでありますし、トルコからの難民はまったくそのとおりであると言ってもいいと思います。

安倍はNHKの討論番組『日曜討論』に出演（二〇一五年一月二五日放送）。キャスターが「イスラム国の側は日本の人道支援が、中東の敵対組織の軍事力の増強の余裕を生むという論法で日本を批難しているが」と問いかけると、安倍はこう答えた。

「そもそも、ではなぜ、多くの避難民が出てしまったのかということであります。シリアからの難民、現政権にも大きな原因がありますが、同時にイスラム国、ＩＳＩＬの振る舞いにも大きな原因があるわけでありますし、トルコからの難民はまったくそのとおりであると言ってもいいと思います」

「ＩＳＩＬがトルコ、イラクに侵入していった結果、多くの難民が発生した」

え？

何を言っているのか、さっぱりわからない。

トルコは難民の受け入れ国である。

シリア内戦から逃れて、トルコに避難したシリア人は二五〇万人を超える。

また、イラクの難民もトルコに逃げ込んでいる。

これは言い間違いなどではない。中東の状況をまったく理解していないということだ。

難しいことは、よくわからない。

カジノ法案について　二〇一六年一二月七日　党首討論

ビジネスや会議だけでなく家族で楽しめるのがＩＲだ。

二〇一六年一二月二日、統合型リゾート（ＩＲ）整備推進法案（カジノ法案）が、強行採決で押し通された。国民の七割が反対しているカジノ解禁だが、自民・公明と維新の会が賛成。いかがわしい勢力がもくろむ日本シンガポール化計画が着々と進んでいるようだ。

超党派の「国際観光産業振興議員連盟」（カジノ議連）には、ギャンブル業者からカネが流れている。平沼赳夫の資金管理団体は、パチスロ・パチンコ大手のセガサミー社から三年間で四五〇〇万円の個人献金を受けているが、そこの役員は、橋下徹の友人で大阪府教育長になりパワハラ問題で辞職した中原徹である。

二〇一六年一二月七日、党首討論で安倍は、カジノ法案について「ＩＲに対する投資があり、それが雇用につながっていくのは事実だ」と発言。

民進党代表の蓮舫が「ギャンブル依存症のメカニズムは未解明で、治療法は確立されていない。カジノの解禁のため、なぜ強行採決に踏み切ったのか」と批判すると、安倍は「ビジネスや会議だけでなく家族で楽しめるのがＩＲだ」と意味不明の答弁でごまかした。

政府は「カジノを機に包括的なギャンブル依存症対策を行う」と言うが、依存症を生み出すのを機に、依存症対策を行うのはマッチポンプ以前に意味不明。

要するに、カジノ解禁で儲かる連中がいるということ。

闇は深い。

蓮舫／政治家、タレント。
第2代民進党代表。

仕事に対する姿勢について　二〇一七年一月九日　山口県での会合

時には長州男児の肝っ玉をお見せしましょうかと思うときもありましたが、平常心、平常心、自分に言い聞かせながら日々仕事をしています。

二〇一七年一月九日、安倍は本籍のある山口県で挨拶。

「私も皆さまのご支援をいただいたおかげをもちまして、二四年間、政治家として歩みを進めていくことができました。また、総理大臣としても何とか無事に四年を終えることができました。時には長州男児の肝っ玉をお見せしましょうかと思うときもありましたが、平常心、平常心、自分に言い聞かせながら日々仕事をしています。これからもまた、初心に帰って、私の初心とは誠意をもって誠実に政治を行っていくということであります」

「吉田松陰先生の座右の銘は孟子の『至誠にして動かざる者は、いまだこれあらざるなり』。誠の一字をもって頑張っていきたいと思います。日本国のために、日本国民のために今年も全力で仕事をしていくことをお誓いして、年頭でのご挨拶とさせていただきたいと思います」

ちなみに、安倍は東京生まれの東京育ち。成蹊小学校、成蹊中学校、成蹊高等学校を経て、エスカレーターで成蹊大学法学部政治学科に行ったもやしっ子である。

「長州男児」って何？

議会ではあまり誠意を見せず、すぐにテンパる「男児」。

政界引退後について　二〇一五年八月四日　産経ニュース

政界引退後はUZUのオーナーになりたい。

本書の姉妹編『安倍でもわかる政治思想入門』を安倍の女房・昭恵さん（以下敬称略）に献本したら、非常に丁寧なお返事をいただいた。「家庭内野党」としてこれからも頑張ってほしい。

昭恵といえば、奔放な発言でも有名である。

そして家庭内の話もいろいろ漏らしてくれる。

「UZU」という居酒屋を昭恵が開いたときは、安倍は開店に反対したが、今では「政界引退後はUZUのオーナーになりたい」と口走るようになったという。

「ただ主人は、ずっと政治家を続けていくつもりは、ひょっ

安倍昭恵／森友学園「瑞穂の國記念小學院」元名誉校長。

としたらないのかもしれませんね。『(政治家を)辞めたらどこに住むか』なんて話し合ったとき『じゃあUZUをやろうかな』と言われました。私は『ここは結構です。私がやっているんだから。来たこともないのに余計な口出しはしないでね』と言い返しました」

昭恵は安倍に内緒で居酒屋を開く準備をした。小さな店を開こうとしたことは何度かあったが、安倍は「そんなのうまくいくわけないじゃないか!」と反対したという。

結局、安倍は自分では道を切り開けない人なんだよね。

なお、昭恵は、安倍が謝ったり、「ごめんなさい」と言うのを聞いたことがないという(産経ニュース 二〇一四年一月五日)。

「主人自身も特別な宗教があるわけじゃないんですけど、毎晩声を上げて、祈る言葉を唱えているような人なんですね」(『BLOGOS』二〇一六年一一月九日)

毎晩声を上げて、祈る言葉を唱えているのは、どう考えても「特別な宗教」だろう。

橋下徹について　二〇一二年三月一五日『ダイヤモンド・オンライン』

橋下さんについては、際立っている主張が大阪都構想と教育条例ですね。とても突破力がある政治家だと評価しています。道州制を議論する人が増えることで、地方主権がさらに進んでいくのは、望ましいことです。

インタビュアーが安倍にこう尋ねた。

「『国の形をつくる』という意味においては、地方分権議論の中で初めて道州制を打ち出したのが、安倍内閣でした。現在、大阪市の橋下徹市長は、道州制の導入と財源の地方移譲を

唱えて注目を浴びています。橋下市長をどう評価しますか」（『ダイヤモンド・オンライン』二〇一二年三月一五日）

するど安倍は、道州制は必要だと答え、橋下を絶賛した。

「現在のように、人もお金も東京に集まってくる一極集中型の発展は不健全です」

「ただ、地域が経済圏として成り立つためには、やはりある程度の規模が必要。そのためには、道州制という姿がいいのではないかと思います」

「橋下さんについては、際立っている主張が大阪都構想と教育条例ですね。とても突破力がある政治家だと評価しています。道州制を議論する人が増えることで、地方主権がさらに進んでいくのは、望ましいことです」

この手の連中に道州制をやらせたらどうなるのか？

気の狂った地方首長による国の解体が加速する。

しかし、すでに一線は「突破」していたようだ。

橋下徹／タレント、日本維新の会法律政策顧問。大阪市の解体などを仕掛けた。

『橋下×羽島の番組』（二〇一六年九月一九日放送）で、橋下は外国人政治家の招聘を提案。

「国籍関係ないでしょ」

「有権者の意思で、有能な外国人を選んでもいいじゃないか」

「政治家は、最後は有権者が『選ぶ』か『落とす』か決められるから、もう極端なことを言えば外国籍でもいい」

どこの国から政治家を招聘するつもりなのか？

ちなみに橋下は「竹島は（韓国と）共同管理すべき」「日本国民と握手できるかわからない」などと述べている人物である。

憲法について① 二〇一七年一月二五日 参院代表質問

子供たちこそ、日本の未来であります。次なる七〇年を見据えるときに、教育が極めて重要であることは論をまちません。そして憲法は国の未来、理想の姿を語るものであります

二〇一七年一月二五日、参議院の代表質問で日本維新の会の片山虎之助が憲法を改正して幼児期から大学までの教育の無償化を盛り込むべきだと訴えた。

「フランスのように憲法に定めることが恒久的な教育無償化のためには望ましいと考えますが、総理のご所見をお伺いします」

これに対し安倍は、「子供たちこそ、日本の未来であります。次なる七〇年を見据えると

きに、教育が極めて重要であることは論を待ちません。そして憲法は国の未来、理想の姿を語るものであります」と答弁。

猿芝居ですね。賛同を得やすい教育無償化を利用して、憲法を改悪する算段だろう。もちろん、維新の会と官邸は裏でつながっている。

二〇一六年一〇月、安倍は憲法改正推進本部長の保岡興治に、日本維新の会の憲法改正原案に盛り込まれた「教育無償化」を改憲項目として例示し、「『改憲したい』と言っている人たちとよく話し合い、連携してほしい」と述べている。

「憲法は国の未来の姿を語るものだ」という相変わらずのバカ発言はともかく、そもそも教育無償化と改憲はなんの関係もない。

憲法には「義務教育は、これを無償とする」とあるだけで、義務教育以外の教育の無償化を禁じているわけではない。当たり前の話だが、教育無償化は憲法を改正しなくても、法律で実現できる。

戦後教育の失敗例が安倍。

教育について① 二〇〇六年一一月三〇日 参院特別委員会

しかし、直ちにいじめをやめるべく厳しく指導していく、それもやはり私は大切ではないか。

最近はほとんど口にしないが、かつて安倍は「いじめ」の問題について語っていた。

「現在、いじめや子供の自殺をはじめとして、子供たちのモラルや学ぶ意欲の低下、家庭や地域の教育力の低下といった問題が指摘されています。公共の精神や自律の精神、自分たちが生まれ育った地域や国に対する愛着愛情、道徳心、そういった価値観を今までおろそかにしてきたのではないでしょうか。こうした価値観を、しっかりと子供たちに教えていくことこそ、日本の将来にとって極めて重要であると考えます」（二〇〇七年一月二六日 施政方針演説）

「いじめている児童に対しては、やはりこれは毅然として指導していくという姿勢が私は大切だろうと思います。そして、いじめは恥ずかしいことであるということを、やはり学校の先生がクラスでホームルームを開いて、一度は少なくとも生徒に呼び掛けていくことも大切であろうと、このように思います」（二〇〇六年一一月二二日　参院特別委員会）

「子供たちに対しても、もちろん教育的に指導をしていくことが大切です。しかし、直ちにいじめをやめるべく厳しく指導していく、それもやはり私は大切ではないか」（二〇〇六年一一月二〇日　参院特別委員会）

この安倍のお気に入りが、「直ちにいじめをやめるべきだとは思わない」と公言する橋下徹である。

橋下は著書『どうして君は友だちがいないのか』でこう述べる。

「だから、グループの動きに足並みを揃えて、誰かをいじめてしまう『世渡り』を僕は『絶対に悪だ』『いますぐにやめるべきだ』とは思いません」

「だから、自分の位置や他人との関係やヒエラルキーを守るために、いじめてしまうのはある程度、しかたがない」

「ほかの子に無視されたくない。いじめられたく

デフレ下の消費税増税、配偶者控除廃止の検討……。安倍の国民いじめが止まらない。

ない。そのような気持ちから、やむを得ず、いじめに荷担してしまったのであれば、しかたのないところではありません」

ちなみに、橋下は殺人も教唆している。

「国が事前に危険な奴を隔離できないなら、親が責任を持って危険な我が子を社会から隔離すればいいいんだ。他人様の子どもの命を奪うほどの危険性がある奴に対しては、そいつの親が責任を持って、事前に世のなかから抹殺せよ！」（『まっとう勝負！』）

親が危険だと判断すれば、何もしていない子供を殺せというわけだ。判断の基準などどうとでも言えるから、家庭内殺人を肯定しているのと同じ。こうした外道と組んで、国の根幹を破壊しようとしているのが安倍である。

すくすく育てる 安倍ドリル

次のうち、正しいのはどれですか？

1 総理大臣は立法府の長

2 総理大臣は行政府の長

3 総理大臣は司法府の長

正解

2　総理大臣は行政府の長

答えは2番の「**行政府の長**」だよ。安倍君は1番の「立法府の長」を選んじゃったね。

2016年5月16日、安倍君は国会で「（自分は）立法府の長」と発言。翌17日にも国会で「立法府の私」と発言しちゃった。つまり、安倍君は自分の役職や権限も知らずに総理大臣をやっていたわけ。国民もびっくりだね。立法府の長は形式的には衆院と参院の議長。行政府の長は総理大臣。司法府の長は最高裁判所長官。義務教育で小学生が習うことだから、きちんと覚えておこうね。

第二章

安倍晋三の知性

安倍でもわかる福田恆存《つねあり》のお話

対案を示すな!

安倍を支持するミジンコ脳のお気に入りのフレーズは「対案を示せ!」である。そして、保守思想の本質は「対案を示すな!」である。

評論家・劇作家の福田恆存(一九一二~九四年)は、左翼や進歩主義を批判し、憲法問題や国語教育問題にも積極的に発言した。その一方で、国粋主義や大東亜戦争を美化する運動を忌み嫌ったのは、彼が保守だったからだ。

保守はイデオロギーによって熱くなり、「われわれ保守派は!」と大声を出して市民運動を始めるようなものではない。福田は近代思想を踏まえた上で保守を正確に理解し

福田恆存／劇作家、翻訳家。平和論の批判などを行う。

ていたので、数々の誤解の上に成り立っているわが国の「自称保守」に我慢ができなかったのだろう。

福田は言う。

最初の自己意識は、言いかえれば自分を遮る障碍物《しょうがいぶつ》の発見は、まず現状不満派に生じたのである。革新派の方が最初に仕来りや掟のうちに、そしてそれを守る人たちのうちに、自分の「敵」を発見した。

先に自己を意識し「敵」を発見した方が、自分と対象との関係を、世界や歴史の中で自分の果す役割を、先んじて規定し説明しなければならない。社会から閉めだされた自分を弁解し、真理は自分の側にあることを証明して見せなければならない。こうして革新派の方が先にイデオロギーを必要とし、改革主義の発生を見るのである。保守派は眼前に改革主義の火の手があがるのを見て始めて自分が保守派であることに気づく。

（「私の保守主義観」）

家に火がついていたら水をかける。

非常識な人がいたら、「非常識だ」と注意する。

乱暴な人がいたら、「乱暴はやめろ」と警告する。
バカが総理大臣をやっていたら「辞めろ」と言う。
それが保守です。
保守は常に後手にまわる宿命を負っており、特定の理念を表明するものではない。

私の生き方ないし考え方の根本は保守的であるが、自分を保守主義者とは考えない。革新派が改革主義を掲げるようには、保守派は保守主義を奉じるべきではないと思うからだ。（同前）

保守派はその態度によって人を納得させるべきであって、イデオロギーによって承服させるべきではないし、またそんなことは出来ぬはずである。（同前）

すでに述べたとおり、保守主義はイデオロギーを警戒する姿勢のことである。だから、保守は常に疑い、思考停止を戒める。安易な解決策に飛びつかず、矛盾を矛盾のまま抱え込む。保守の基盤は歴史や現実であり、そこから生まれる「常識」である。

立ち止まれ！

保守を語る際に、西欧の思想家・哲学者を持ち出す必要はないという人がいる。当時の西欧の事情を現在の日本に当てはめることはできないと。あるいは、日本には日本なりの保守のあり方があるのだと。

それは大間違いだと指摘したのも福田だった。

日本は明治以降、統治システムとしては完全に近代国家になっている。当然、その背後にあるイデオロギーは近代西欧で発生したものだ。近代国家で暮らしている以上、われわれは近代の問題を避けて通ることはできない。

福田は言う。

　ぼくたちのおちいっている真の混乱は日本の近代とともにはじまった。そしてこの七十年、ぼくたちはつねに混乱の季節のうちに生きてきたのであり、それ以外のものを知ってはいない。

（中略）

今日もしあたらしい時代がひらかれようとするならば、まずこの混乱をただし、この混乱をあきらめることからはじまらねばならぬ。いや、いまはなにより混乱そのものに気づくことがたいせつである。現代におけるあらゆる現象的なさわがしさは、この混乱に無感覚であることから生じている。

（「一匹と九十九匹と」）

目の前で発生している現象だけを追っていると、次第に何がなんだかわからなくなってくる。

それどころか、自分が何者なのかもわからなくなる。

だから、まず足元を見ろと福田は言う。

日本に近代などありはしなかった——それゆえにこそ、ヨーロッパの近代がこの極東の島国におよぼした余波に対して、ぼくたちはなんらかの防波堤を築かねばならなかったのである。そのこころみの真意はヨーロッパ近代精神の正統に参与することにほかならない。この流れのそとに世界精神の未来は考えられず、この流れに参入することなしに、日本が日本としての自律性をかちえることもありえない。

（「近代の宿命」）

ぼくたちはまず第一に、ヨーロッパの近代を本質的に究明して日本に真の意味の近代がなかったことを知らねばならぬ。第二に、しかもヨーロッパの近代を索引にしなければならぬ近代日本史をパラレルにもったという実情も同時にみとめねばならない。第三に、この二つの事実を理解しえぬために生ずる混乱を徹底的に克服せねばならない。

（同前）

ほとんどここで言い尽くされていますね。

要するに日本では近代が理解されていないから、保守も理解されないのだ。

批評家の小林秀雄（一九〇二～八三年）も同様の指摘をしている。

西洋模倣の行詰りと言うが、模倣が行詰るというのもおかしな事で、模倣の果てには真の理解が現れざるを得ない。そして相手を征服するのに相手を真に理解し尽すという武器より強い武器はない。

（「満州の印象」）

小林秀雄／批評家。近代日本の文芸評論を確立した。

彼らが発した警告は、そのまま今の日本にあてはまる。いや、むしろ大衆社会化の成れの果てに出現した今の政治的混乱を見事に言い表している。

傲慢な科学

福田は科学の濫用に警鐘を鳴らした。

現代人がもっとも愛好しているのは科学であり、日々の生活さえ学問の対象にしてしまう。だが、「それはたかだか現象を整理して仮説をたててみるにすぎぬのではないか」と。

ここでもぼくはけじめをたてることの必要を痛感する。科学は効用性に出発し、あくまで効用性にとどまるものであり、したがってその仮説の真偽は外界への適応の可不可によってきまるものである以上、それは徹頭徹尾合理性に終始せねばならず、いかなる微細な点においても矛盾は許されぬ。が、人間の文化価値のすべてを科学の対象にせねば気がすまぬとなれば、それを知性の越権というべきか、それとも知識人的事大主義というべきか、いずれにしても自己を信じえぬ薄弱な精神の所為とせねばならぬ。

（「一匹と九十九匹と」）

要するに、科学には適用していい範囲があるということです。

ちなみに、社会を科学的に分析することと、社会を科学で裁断するのは、まったく別の話です。大事なことは、合理を否定するのではなく、合理で裁断してもかまわない範囲を常識的に理解することです。

福田は言う。

そして現実はあきらかに合理の領域と不合理の領域とを同時に並存せしめている。とすれば、現実を認識するということは、この二つの領域の矛盾を矛盾のままに把握することでしかあるまい。この地点からさきにおいて、ぼくは科学の無力をいわざるをえぬ。

（同前）

ここが保守の本質です。

すぐに結論を出そうとせず、矛盾を矛盾のまま把握する。

すでに述べたように、左翼は自由や平等といった理念を完全な形で実現しようとする。

その背後にあるのは、歴史に法則が存在するという信仰、すなわち進歩史観だ。将来に「見とおしがつく」のは歴史を科学として扱うからである。

福田は言う。

保守派が合理的でないのは当然なのだ。むしろそれは合理的であってはならぬ。保守派が進歩や改革を嫌うのは、あるいはほんの一部分の変更をさえ億劫《おっくう》に思うのは、その影響や結果に自信がもてないからだ。それに関するかぎり見す見す便利だと思っても、その一部を改めたため、他の部分に、あるいは全体の総計としてどういう不便を招くか見とおしがつかないからだ。保守派は見とおしをもってはならない。人類の目的や歴史の方向に見とおしのもてぬことが、ある種の人々を保守派にするのではなかったか。

（「私の保守主義観」）

世の中には自分たちが唱える「正義」を疑わない人たちがいる。なぜなら、科学的に「正しい」からだ。こうした左翼の発想に完全に汚染されたのが、現在のわが国の「保守派」だろう。

彼らは徒党を組み、理想を声高に叫び、過去から目を逸らし、「改革」を連呼し、「新しい国」の創造を唱える。

福田が厳しく批判したのは、イデオロギーに堕した「保守主義」、および十年一日のごとく「保守的」スローガンを唱えて自己愛に浸る俗流保守主義者である。彼らは革新勢力と同様の腐臭を放ちながら、伝統の破壊に勤しむようになる。

福田は左翼を批判したのと同じロジックで、「保守派」の心性を批判した。

福田が危惧したのは「安倍的なもの」の拡大だった。

安倍に読んで
聞かせたい
保守思想の名著

『保守とは何か』
福田恒存著
文春学藝ライブラリー
福田恒存の思想のエッセンスを凝縮したアンソロジー。

日本語について③　二〇一六年一〇月二七日　首相官邸

皇室をはじめご近親の方々の深いお悲しみを拝察申し上げ、ここに、国民と共に慎んで心から哀悼の意を表します。

二〇一六年一〇月二七日、天皇陛下の叔父にあたる三笠宮崇仁親王殿下が薨去《こうきょ》された。享年一〇〇。安倍は訃報を受け、「慎んで心から哀悼の意を表します」と謹話を発表。「慎んで」は「控えめに」という意味。「謹んで」が正しいと、毎日新聞の校閲グループからツッこまれていた。

そもそも「謹話」でしょう。

なぜ「慎んで」になるのか意味がわからない。

不見識以前に、不敬である。

毎日新聞は、さらに安倍の過去の発言を紹介。

「遠い戦場に、斃《たお》れられた御霊、戦禍に遭われ、あるいは戦後、遥かな異郷に命を落とされた御霊の御前に、政府を代表し、慎んで式辞を申し述べます」（二〇一五年八月一五日　全国戦没者追悼式式辞）

「本日ここに、天皇皇后両陛下の御臨席を仰ぎ、全国戦没者追悼式を挙行するにあたり、政府を代表し、慎んで式辞を申し述べます」（二〇一六年八月一五日　全国戦没者追悼式式辞）

要するに安倍には「慎み」が足りないのだ。

三笠宮崇仁親王は「偽りを述べる者が愛国者とたたえられ、真実を語る者が売国奴と罵られた世の中を私は経験してきた」（『日本のあけぼの建国と紀元をめぐって』）とおっしゃっていた。

今の時代もそうですね。

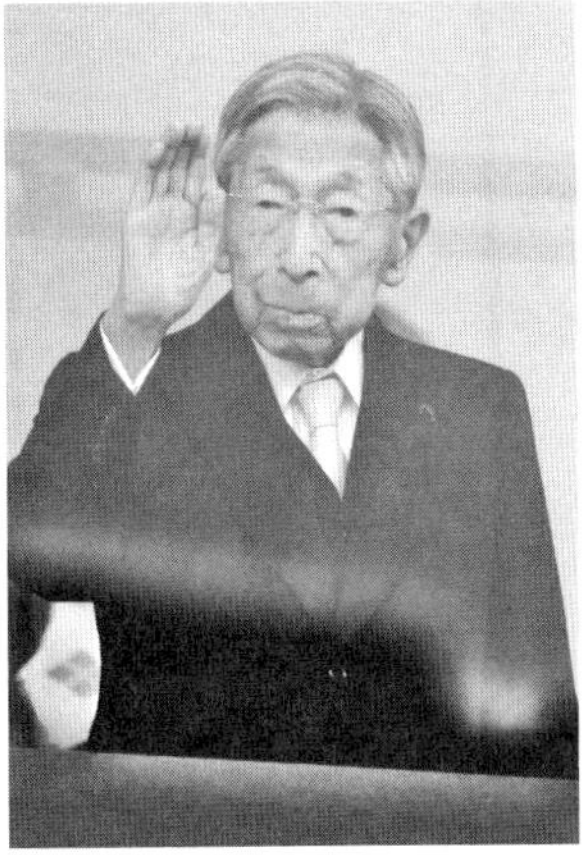

三笠宮崇仁親王／歴史学者、元陸軍軍人。昭和天皇の弟にあたる。

あんなことまでして、本当に危ない。

皇室について　二〇一七年一月一四・二一日合併号『週刊現代』

安倍は皇室に対して、一貫して不敬な態度をとり続けてきた。

二〇一六年八月、天皇陛下が「お気持ち」を表明されると、総理官邸は、宮内庁長官の首をすげ替えた。

明らかに嫌がらせだろう。

デモクラTV代表・元朝日新聞編集委員の山田厚史は、「安倍首相は保守の政治家なのに天皇を粗略に扱っている、というイメージが形成されつつある。被災地や戦争の傷跡を訪問され、国民や平和な世の中に寄り添おうとする天皇の姿勢は人々の静かな共感を集めている。『安倍か、天皇か』という選択になれば、天皇に軍配を上げる人が多いのではないか」と正論を述べていた（『ダイヤモンド・オンライン』二〇一七年一月一九日）。

衆院議員の亀井静香は安倍が陛下のものまねをしていたことを紹介。

「総理は、こんなふうに（亀井氏、杖をつく素振りをする）陛下の真似をして『あんなことまでして、本当に危ない』と言っていました」（『週刊現代』二〇一七年一月一四日・二一日合併号）。

安倍が天皇陛下のものまねをして茶化したという話は、すでに『月刊日本』（二〇一六年一二月号）で、毎日新聞編集委員の伊藤智永が紹介していた。

「ある有力政治家の話ですが、彼が官邸の総理執務室で安倍さんと生前退位の話をしたら、安倍さんはカーペットに膝をつきながら、『こんな格好までしてね』と言ったらしいのです。ちょっと何て言うか、天皇陛下が被災者の方々に寄り添うお姿を、そういう風にちゃかしてみせるというのは……。信じがたいですね」

『週刊現代』は記事で安倍を批判する。

「こうした安倍総理の不敬な心根は、その後の行動にも表れている」

「まさに、結論ありきのお手盛り有識者会議。正面からの議論を避け、国民の目の届かない場所で自分の思いを通すのが『官邸のやり方』だ」

安倍は自分が王様にでもなったつもりなのだろう。

政府は、二〇一九年一月一日に皇太子殿下を新

亀井静香／元警察官僚、運輸大臣、建設大臣などを歴任。

天皇に即位させる案を検討。これには宮内庁も反発した。

元日には早朝から「四方拝」が行われる。国の安寧や五穀豊穣を祈る儀式だ。それ以外にも、皇族や首相、閣僚、衆参両院の議長、最高裁長官らの挨拶を受ける国事行為の「新年祝賀の儀」などがある。

一方、新天皇の即位に際してはさまざまな儀式が必要になる。元日に同時に行うのは不可能だ。

また、政府は、新天皇が即位する半年から数カ月前に新元号を発表することを計画している。その理由はカレンダーなど印刷物の都合らしい。

要するに、元日に新天皇を即位させれば、改元のタイミングとして手間が省けるというわけだ。どれだけ皇室をバカにすれば気が済むのか。もし安倍が皇室を潰しにかかったら、日本人がとるべき行動は一つしかないということをきちんと確認しておくべきでしょう。

日本語について④　二〇一六年一一月二六日　カストロ死去に対するコメント

日本政府を代表して、キューバ政府および同国国民、ご遺族の皆さまに対し、ご冥福をお祈りします。

二〇一六年一一月二六日、キューバのフィデル・カストロ前国家評議会議長が死去。享年九〇。翌二六日、安倍は「日本政府を代表して、キューバ政府および同国国民、ご遺族の皆さまに対し、ご冥福をお祈りします」とのコメントを発表した。

故人ではなく、キューバ政府や国民、遺族に対し「冥福を祈る」と言ったことで「無知にも限度がある」とネットで騒ぎになっていたが、それ以前に無神論者のカストロに「冥福」という仏教・道教用語を使う時点でトチ狂っている。

二〇〇七年四月二〇日、国会で安倍は菅直人に対し、「私の本を読んで、私がこの国だけがいいんだなんということを言っていると思うんであれば、もう少し国語力を鍛えていただきたい。読解力を鍛えていただきたい」などと言っていたが、どっちもどっちである。

　小説家・劇作家の三島由紀夫（一九二五〜七〇年）は愛国心という言葉を嫌った。

「今さら、日本を愛するの、日本人を愛するの、というのはキザにきこえ、愛するまでもなくことばを通じて、われわれは日本につかまれている。だから私は、日本語を大切にする。これを失ったら、日本人は魂を失うことになるのである」（「日本への信条」）

　日本人は魂を失った。

　三島が生きていたら、安倍、および「安倍的なもの」を全否定したはずだ。

2016年9月、ハバナ市内で二人の革命家が会談。

英語力について① 二〇一七年二月一〇日 ホワイトハウス

「What are they saying?」「Please look at me.」

二〇一七年二月一〇日、安倍はホワイトハウスでトランプと会談。握手の際、トランプは安倍の手を離さず、押したり引いたりしてみせた。安倍は威圧されたと感じたのだろう。目が完全に泳いでいた。

日本のメディアのカメラマンが「総理、こちらお願いします」と言うと、トランプは安倍に「What are they saying?」と聞いた。安倍が「Please look at me.」と答えたので、トランプはカメラのほうではなく、安倍をじっと見つめたのだ

顔。

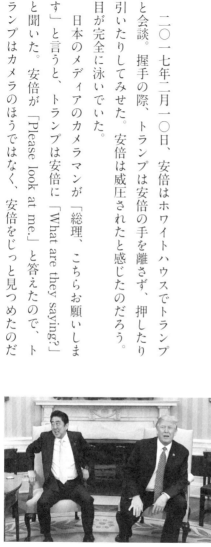

った。

コントかよ。

このときの動画は、ＳＮＳで拡散、話題になった。かつて安倍のサイトには「南カリフォルニア大学政治学科に二年間留学」とあった。事実なのか経歴詐称なのかは知らないが、英語は大の苦手のようだ。

日本語について⑤　二〇一四年八月六日　広島市原爆死没者慰霊式並びに平和祈念式挨拶

六九年前の朝、一発の爆弾が、十数万になんなんとする、貴い命を奪いました。七万戸の建物を壊し、一面を、業火と爆風にさらわせ、廃墟と化しました。

安倍は日本語が苦手である。

二〇一四年八月六日の広島市原爆死没者慰霊式並びに平和祈念式における挨拶もデタラメ極まるものだった。毎日新聞は「かっこいい言葉でかざりたくて古風な言葉遣いをするのでしょうが、生半可な知識で使うものだから誤ることになります」と指摘。

まず、「業火」は「悪業の報いで地獄に落ちた人を焼く火」のこと。

原爆投下の被害者に対して使うことが非常識なのは言うまでもない。

毎日新聞は、「さらう」の使い方もおかしいと指摘する。

「辞書では『池や沼などの水底の土砂やごみをごっそりとりのぞく。「どぶを――」「なべ底までさらってたいらげる」』（角川必携国語辞典）とあります。つまり『さらう』目的は、きれいにすることであり、『さらう』対象はごみなど、なくなってしかるべきものというイメージがあります。原爆被害の形容としてふさわしいとは思えません」

続けて安倍は言う。

「犠牲と言うべくして、あまりに夥《おびただ》しい犠牲でありました。しかし、戦後の日本を築いた先人たちは、広島に斃《たお》れた人々を忘れてはならじと、心に深く刻めばこそ、我々に、平和と、繁栄の、祖国を作り、与えてくれたのです」

これも奇妙な日本語である。「べく」の用法は間違っているし、普通に「倒れた」と書けばいいのに「斃れた」と書く。「斃死《へいし》」という熟語があるように、これは「のたれ死に」を指す。

結局、安倍にとって原爆投下などどうでもいいことなのだろう。

「ポツダム宣言というのは、米国が原子爆弾を二発も落として日本に大変な惨状を与えた後、『どうだ』とばかり（に）たたきつけたものだ」（『Voice』二〇〇五年七月号）という発言からもわかるように、安倍は原爆を落とされたタイミングも理解していない。

英語力について②　二〇一五年四月三〇日　アメリカの上下両院合同会議

It is because of our strong belief in democratic principles and ideals that Japan associates herself with the free nations of the world.（顔上げ、拍手促す、収まるのを待ち、）

二〇一五年四月三〇日、安倍はアメリカの上下両院合同会議で演説。そのとき安倍が使ったペーパーがウォールストリート・ジャーナルやロイターで写真と一緒に報じられた。

大きな文字で中学生レベルの英単語が並んでいるが、息継ぎの箇所などが丁寧に赤字で書き込まれており、さらに（顔上げ、拍手促す）（次を強く）といった指示も入っていた。

安倍はほとんど意味もわからずに読み上げたのだろう。下を向いてペーパーを凝視し、口をもごもごと動かしていた。

「まるで中学生の英語スピーチ大会だ」と報じたアメリカのメディアもあるようだが（「安倍首相の演説が笑いモノに『八割の米議員わからず』の声も」『日刊ゲンダイ』二〇一五年五月一日）、私もほとんど聞き取ることができなかった。

英語が喋れないなら通訳をつければいいだけの話。

英語が下手なのが恥ずかしいのではなく、英語が下手なのに英語でスピーチしようとすることが恥ずかしいのだ。

逆を考えてみればいい。日本に来て、聞き取れない日本語でスピーチをする外国のトップはいないでしょう。

日本語について⑥ 二〇〇七年一月九日 防衛省移行記念式典での訓辞

これは、すべからく隊員諸官や諸先輩の長期間にわたる国防という高貴な使命に捧げた努力の賜です。

二〇〇七年一月九日、安倍は防衛省移行記念式典で「今般の省移行法は、衆参両院で九割以上の国会議員の賛成により成立しました。これは、すべからく隊員諸官や諸先輩の長期間にわたる国防という高貴な使命に捧げた努力の賜です」などと述べていた。

姉妹編『安倍でもわかる政治思想入門』でも「日本人の命、すべからく、国の最高責任者である私にあります」などと使っていたことを指摘したが、安倍はまともに日本語を使うことができない。

「すべからく」は漢字では「須く」と書く。

《動詞「す」に推量の助動詞「べし」の付いた「すべし」のク語法から。漢文訓読による語》多くは下に「べし」を伴って、ある事をぜひともしなければならないという気持ちを表す。当然。「学生は─学問を本分とすべきである」（デジタル大辞泉）

要するに、本来の意味である「当然、ぜひとも」ではなく、「すべて、皆」という意味で誤用しているバカがいるという話。

頭の悪さを補おうとして、知らない言葉を使い、墓穴を掘る子供と同じ。

「隊員諸官や諸先輩の長期間にわたる国防という高貴な使命」に対して、あまりに失礼ではないか。

二〇一四年四月二〇日、安倍はテレビ番組に出演し、「国のために死ねるか」という質問に△の札を出した。自衛隊のトップで、部下を戦地に送り込む立場の人間が「国のために死ねるかどうかわからない」というなら、自衛隊員は死んでも浮かばれない。

ゲーテいわく「活動的なバカより恐ろしいものはない」。

国防について　二〇〇七年一月一二日　北大西洋理事会における演説

いまや日本人は国際的な平和と安定のためであれば、自衛隊が海外での活動を行うことをためらいません。

自分と他人の境界線がわからないまま大人になってしまう人が一定数存在するらしい。精神が幼いというか、おっとりしているというか。

安倍の精神構造もこれに近い。

二〇〇七年一月一二日、北大西洋理事会で安倍は「新しい防衛省は、国際平和協力活動を国土防衛とともに本来任務として敢然と遂行する用意があります。（中略）憲法の諸原則を遵守しつつ、いまや日本人は国際的な平和と安定のためであれば、自衛隊が海外での活動を行うことをためらいません。日本は、このような考え方に基づき、自衛隊によるイラクやインド洋での活動を行っているのです」などと言っていた。

なんか自分と他人を一緒にするんだよね。

猿でもわかる話だが、日本人も自衛隊も日本のために戦うのである。

国際的な平和のためではない。

国際的な平和と安定を実現させようとしたネオコンの末路を考えれば、幼稚なグローバリストが国のトップにいることがどれほど危険であるかわかるだろう。

いまやアメリカ人は国際的な平和と安定のために、米軍が海外での活動を行うことをためらうようになったのである。

戦車にも戦闘機にも乗ったことがあるよ！

憲法について② 二〇一七年一月三〇日 参院予算委員会

どのような条文をどう変えていくかということについて、私の考えは(国会審議の場で)述べていないはずであります。

二〇一七年一月三〇日、自民党憲法草案をもとに、憲法観を尋ねた民進党の蓮舫に対し、安倍は「逐条的、具体的な案については憲法審査会で議論すべきだというのは私の不動の姿勢だ」「どのような条文をどう変えていくかということについて、私の考えは（国際審議の場で）述べていないはずであります」と発言。

これに朝日新聞がツッこみを入れていた。

「実際には、二〇一三年二月八日の衆院予算委員会で、日本維新の会の中田宏氏から憲法改正手続きを定めた憲法九六条について問われ、『三分の一をちょっと超える国会議員が反対をすれば、指一本触れることができないということはおかしいだろうという常識でありま す。まずここから変えていくべきではないかというのが私の考え方だ』と答弁。個別の条文の改正について語っていた」

平気な顔で嘘をつくのが安倍の「不動の姿勢」である。

嘘つきなのか、バカなのか？

すくすく育てる安倍ドリル

広島と長崎に原子爆弾が
投下されたのはいつですか？

1 ポツダム宣言の後

2 ポツダム宣言の前

3 ポツダム宣言と同時

正解

1　ポツダム宣言の後

答えは1番の「**ポツダム宣言の後**」だよ。安倍君は2番を選んじゃったね。

「ポツダム宣言というのは、米国が原子爆弾を2発も落として日本に大変な惨状を与えた後、『どうだ』とばかり（に）たたきつけたものだ」（『Voice』2005年7月号）などと言っていたけど、ポツダム宣言は1945年7月26日。原爆投下は8月6日と9日。政治家としての資質以前に、基本的な歴史の知識がすっぽり抜け落ちているんだよね。これも義務教育で小学生が習うこと。変な大人にならないように、きちんと覚えておこう。

第三章

安倍晋三の保守観

安倍でもわかる
フリードリヒ・ハイエクのお話

フリードリヒ・ハイエク／経済学者、哲学者。20世紀を代表する自由主義の思想家。

自由主義者の矛盾

フリードリヒ・ハイエク（一八九九～一九九二年）はオーストリア出身の経済学者です。社会主義を本質的な部分から批判したため、彼を保守主義者と誤解している人は、わが国ではまだ多いようです。

ここの問題をきちんと考えると、なぜ近代主義者が保守を名乗るという間抜けな現象がわが国で発生したのか、すっきり理解できるようになります。

まず、前提としてハイエクは保守主義者ではありません。

ハイエクは「なぜわたくしは保守主義者ではないのか」という文章の中で、次のように述べます。

しかしわたくしが明らかにしようとしてきた立場は、しばしば「保守的(conservative)」と説明されることがあるとしても、その立場は伝統的にこの名称をつけられてきたものとはまったく異なるものである。自由の擁護者と真の保守主義者とを、それぞれの異なった理想を等しく脅かす動きにたいして、共同で反対させている状態から生じる混同は危険である。

ハイエクが「等しく脅かす動き」と述べているのは、全体主義や共産主義です。
保守主義者は全体主義と戦うために自由主義者と手を組んできた。
しかし、自由主義＝保守主義ではありません。
保守主義は自由主義の暴走を批判してきたし、自由主義者は保守主義を批判してきた。
ハイエクもまた保守主義を徹底的に批判します。

保守主義は時代の傾向にたいする抵抗により、望ましからざる発展を減速させることには成功するであろうが、別の方向を指し示さないために、その傾向の持続を妨害することはできない。

しかし自由な成長にたいする保守主義者の讃美は一般に過去についてのみである。かれらに典型的に欠けているのは、人間の努力による新しい手段を生みだすのと同じ、設計されざる変化を歓迎する勇気である。

このことから保守主義的性質と自由主義的性質の根本的に異なる第一の点が引きだされる。保守主義的な著述家がしばしば認識していたように、保守主義的態度の基本的特性の一つは変化を恐れること、新しいものそれ自体にたいする臆病なほどの不信である。

ここでハイエクが批判しているものは保守主義の優れた点にすぎません。

すでに述べたように、保守は「別の方向」を指し示すことを控えます。福田恆存が言うように、「人類の目的や歴史の方向に見とおしのもてぬことが、ある種の人々を保守派にする」からだ。「望ましからざる発展」を完全に妨害できるとも最初から思っていない。また、変化を拒絶するのではなく、設計された変化だろうが、設計されざる変化だろうが、慎重に判断する。保守は変化に適応する手続きを踏む。

だから「保守反動」という言葉自体が矛盾です。保守は「反動」の正当性さえ疑う。ハイエクは「信頼」「勇気」「確信」という言葉を多用する。

一方、自由主義の立場は勇気と確信にもとづき、どのような結果が生じるかを予想できなくても、変化の方向をその進むにまかせる態度に基礎をおいている。

すなわち率直に表現すれば、保守主義の非啓蒙主義に問題があるとわたくしは個人的に思っている。

われわれの文明を変化させている思想はいかなる国境をも顧慮しないという事実を、保守主義者は変更することはできない。

こうした発想を保守が受け入れることはあり得ない。

「どのような結果が生じるか」予測できないことは、「変化の方向」をその進むにまかせてはいけないと考える。市場が自動的に均衡に向かうという物語を信仰することもない。また、啓蒙主義が野蛮に転化した過去を歴史に学んでいる。

西欧の自由主義者の多くが保守的な側面を持つように、ハイエクの思想も保守主義と重なる部分がある。家族や地域共同体、宗教などの自生的秩序を重視するのもそうだし、巨大な権力が合理的に社会を管理することにも警鐘を鳴らした。

しかし、それは自由主義の文脈における立場であり、自生的秩序という概念を近代資本主義に応用させることにあまりに楽観的だったと言わざるを得ない。そもそも、市場を成立させているのは国家である。

保守は「設計」に対する過信を戒めるものの、それ自体を拒絶するものではない。必要な「設計」は行うべきだし、必要のない「設計」はしなければいい。それだけの話。

近代とは歴史的に生成された秩序、慣習、共同体、伝統を破壊する動きです。「自生的秩序」を破壊するのは近代イデオロギーである。

ここに原理的な自由主義者の矛盾がある。

アメリカと西欧の保守観

アメリカと西欧では保守観はまったく異なります。

アメリカは建国当初から自由を至上の価値として掲げている純粋な近代国家です。だから、アメリカでは自由を神格化することが保守になる。そこでは、個人の自由に介入するものは悪となり、極端な個人主義が発生する。政府の干渉を嫌うので、小さな政府を唱えるのが保守になる。

さらに、アメリカ特有のキリスト教原理主義や反知性主義などの事情がそこに加わる。冷戦下において、共産主義に対抗するため、保守主義者と自由主義者は手を組んだ。共産主義も近代啓蒙思想から派生したものです。

革新勢力は、理想により現実を否定したいので、世界観や歴史観が必要になる。要するにイデオロギーだ。

よって、当然、保守は反共の立場をとります。

しかし、反共＝保守ではありません。

逆に、反共というところで思考停止することで「保守」は劣化してきた。

例えば、同様に反共の姿勢を示した自由主義の暴走を見逃してしまう。

自由の無制限の拡張も、平等の無制限の拡張と同じく、近代イデオロギーの負の側面ですが、自称保守が「際限なき自由」という妄想に汚染されているのが現在です。

この手の連中は、アメリカの特殊な保守観を輸入してきて悦に入っている。彼らはハイエクの影響を受け、冷戦を勝ち抜いたマーガレット・サッチャー（一九二五～二〇一三年）やロナルド・レーガン（一九一一～二〇〇四年）を保守だと思っている。

軍事的な勝利と思想的な勝利を混同してしまうわけですね。三島由紀夫をはじめ多くの保守思想家が指摘するように、資本主義と共産主義の対立は、左右の対立とはなんの関係もない。

三島は言う。

目下の危険は、ファッシズムや、コミュニズムそのもののなかにあるのではなく、「反共」という観念に熱中して、本来技術的な政治形態が、おのれの相対主義を捨て、世界観的な政治を模倣するところにある。

二つの世界の対立は、資本主義国家と共産主義国家、民主々義国家と共産主義国家の対立、という風に規定されているけれど、本来別の範疇に属する政治形態の間には、厳密に云って、対立関係というものはありえない。もしあればそれは、理念的対立ではなく、力の対立である。だから本当の危機は単なる力の対立が、

ロナルド・レーガン／米国第40代大統領。元俳優。

理念的対立を装うところにあるのだ。

（「新ファッシズム論」）

結局、冷戦の終結により、表層的なところでしか世界を捉えていなかった連中は何がなんだかわからなくなってしまった。これは戦後左翼も自称保守も同じです。近代を理解できなかった戦後左翼は、オカルトやフェミニズム、有機農法などに運動が細分化していく。

一方「自称保守」は冷戦時代で思考がストップしているので、すでに実態のない「左翼」を叩くことで充足する。朝から晩まで、「朝日新聞、日教組、中国はけしからん」と騒いでいるような連中ですね。反共という観念に熱中しているうちに、思考回路が似てきて、挙げ句の果てにはグローバリズムという名のアメリカニズムと戦後体制の維持を擁護する。

こうして「保守」が原理的な近代主義者になるという倒錯が発生する。

今の日本の保守論壇で発生している現象はまさにこれです。極左のネオコン勢力によるアメリカ覇権主義に尻尾を振り、構造改革路線を突き進み、身動きがとれなくなった。

安倍は「政治も外交もリアリズムが大切だ」と言うが、問題は安倍にリアリズムの欠片もないことだ。

最後に福田恆存の言葉を引いておく。

私の流儀とぜったいに相容れないものは、共産主義そのものではなくて、その戦術至上主義であり、それ以上に私の気にいらぬものは、共産主義の隙をねらう転向者一流のうしろぐらい表情であります。

（「ふたたび平和論者に送る」）

安倍に読んで
聞かせたい
保守思想の名著

『自由の条件』
フリードリヒ・ハイエク著
春秋社
「自由とは何か?」現代社会における自由の概念を検討した名著。

自民党について　二〇一二年三月一五日　『ダイヤモンド・オンライン』

自民党と民主党では、基本的姿勢において大きな違いがあります。端的に言えば、「保守政党」と「革命政党」という違いです。

安倍は言う。

「自民党と民主党では、基本的姿勢において大きな違いがあります。端的に言えば、『保守政党』と『革命政党』という違いです。鳩山、菅内閣で顕著だったのは、『国家対市民』『企業対消費者』『経営者対労働組合』という対立構造を前面に出して、自分たちは常に批判する立場の側に身を置くという姿勢です。

発足当初の鳩山内閣が、自らを『革命政権』と位置付けていたことからもわかるとおり、彼らの政治姿勢は、世の中を二分し、人々の憎しみを煽り、対立構造をつくって相手を打倒するというもの。給付の話はしても、分配する富をどうやって生み出すかは考えない」

要するに安倍は自民党は「保守政党」で民主党とは根本的に立場が違うと思っているようだ。

しかし、政策面を見れば自民党と民主党ではそれほど大きな違いはない。

二〇〇六年九月二六日の総理就任演説で安倍は、「はっきりと申し上げておきたい」と前置きした上で、小泉構造改革路線を「しっかり引き継ぎ」、「むしろ加速させる」と発言している。「竹中（平蔵）先生は愛国者」という言葉も残っているが、要するに、最初から構造改革論者なんですね。

安倍政権がやってきたことは、民主党の売国路線となにも変わらない。憲法の恣意的な解釈、デフレ下の増税、TPP（環太平洋経済連携協定）、移民政策、農協や家族制度の解体といった愚策中の愚策、民主党の一番ダメな部分、うす汚い部分を引き継ぎ、それを急進的に進めているだけ。そういう意味では、政策実行能力のない民主党のほうがまだマシだった。

自民党と民主党の構造改革が日本を破壊した。

拉致問題や慰安婦問題、北方領土問題をこじらせ、やったのはデタラメな安保法制くらい。改憲が難しいから九六条をいじると言い出し、安保法制懇という私的諮問機関の判断をもとに閣議決定を行い、法制局長官の首をすげ替え、しまいにはアメリカで勝手に約束してきて強行採決した。これは国を運営する手続きの破壊である。

愛国者を装いながら、アメリカの要望どおりに国の形をつくりかえる。「戦後レジームからの脱却」を唱えながら、「戦後レジームの固定化」を図る。

「もはや国境や国籍にこだわる時代は過ぎ去りました」と放言し、国家の根幹を破壊する安倍およびその周辺の一派が「保守」であるわけがない。

安倍は戦後民主主義が生み出した無国籍のグローバリストにすぎない。

バークの言葉を引いておく。

「あなたがたの政治家たちが、勇敢大胆な才能のしるしと考えるものは、能力のなげかわしい欠如の証拠にすぎない。かれらは、自分たちの乱暴な性急さと、自然の過程の無視によって、すべての山師と投機家に、すべての錬金術師とやぶ医者に、盲目的にゆずりわたされてしまった」(『フランス革命についての省察』)

今、われわれや谷垣総裁に求められているのは、まさに理屈ではなく情熱だと思います。

保守主義について　二〇一二年三月一五日『ダイヤモンド・オンライン』

野党時代に安倍は散々無責任なことを言っていた。

「私自身は、初めて政治家になったときから『自民党は保守政党だ』と言い続けてきました。しかし残念なことに、自民党自身に自分たちを『保守政党だ』と位置付ける覚悟があったかどうかについては、微妙です。

日本では、『保守』という言葉が『守旧』の同義語として、マイナスイメージで捉えられがちです。そのため自民党が、保守政党としての立場を明確にアピールすることにたじろいできた側面もあるとは思います。結果として、政権を維持するためだけのマシンのような政党になっていた。

（中略）

選挙に勝つ目的で便宜的に違いを明確にしようということではなく、こうした理念の下に『こういう国づくりをしたい』『日本をもっと素晴らしい国にしたい』というパッション（情熱）を示すことが必要。今、われわれや谷垣総裁に求められているのは、まさに理屈ではなく情熱だと思います」

アホですね。

もちろん、政治に求められるものは、情熱ではなく理屈である。

保守の仕事は情熱の火を消すことである。

理念の下に「こういう国づくりをしたい」というパッション（情熱）を示すことが地獄を生み出す構造を理解することが、保守思想の中核をなしていることは言うまでもない。

保守思想の代表的論者であるマイケル・オークショット（一九〇一〜九〇年）の言葉を引いておく。

「この性向の人（保守主義者）の理解によれば、統治者の仕事とは、情念に火をつけ、そしてそれが糧とすべき物を新たに与えてやるということではなく、既にあまりにも情熱的になっている人々が行う諸活動の中に、節度を保つという要素を投入することなのであり、抑制し、収縮させ、静めること、そして折り合わせることである。それは、欲求の火を焚くことではなく、その火を消すことである」（「保守的であるということ」）

憲法について③　二〇一二年一二月一四日　朝日新聞デジタル

いじましいんですね。みっともない憲法ですよ、はっきり言って。それは、日本人が作ったんじゃないですからね。

安倍の憲法理解については姉妹編『安倍でもわかる政治思想入門』で詳しく述べたので、繰り返さないが、基本的にネトウヨ一年生くらいの知識しかない。

「憲法はわずか九日の間に連合軍総司令部（GHQ）民政局の二五人のメンバーによって書かれた」とか「ドイツは戦後五九回も憲法改正をしている」といったよくありがちなフレーズを繰り返すだけ。

安倍はネット番組で「占領下において短い期間で連合国総司令部において二五人の方々によって作られたのは間違いのない事実。こういう過程でできたから変えていくという議論をするのは当然のことだ」などと言っていたが、二五人ではなくて五〇人だったら満足するんですかね？

九日ではなくて二週間ならいいのか？

当然、憲法論議の本質はそんなところにはない。

安倍は改憲により一院制や道州制の導入をもくろみ、改憲による首相公選制の導入を唱える維新の会ともつながっている。

それ以前に、立憲主義さえ理解していない。

安倍曰く、「憲法が権力を縛るためのものだったのは王権の時代。その考え方は古い。今われわれが改正しようとしている憲法は、国家権力を縛るためだけではなく、私たちの理想や国のあり方、未来について語るものにしていきたい」。

憲法学においては「固有の意味の憲法」（広義の憲法）と「立憲的意味の憲法」（狭義の憲法）は区別されている。

広義の憲法という視点においては、憲法は国家権力を縛る機能だけでなく、国家の秩序の根本規範、つまり国の形（国柄）を表現する規範と捉え

憲法を「前文から全てを含めて変えたい」。でも詳しいことはわからない。

られている。

当たり前の話だが、それは伝統による正統性を持った規範であり、「私たちの理想や国のあり方、未来について語るもの」ではない。安倍が妄想を膨らませて「理想の国家」を語ったものが憲法になるなら、それこそ王権時代への逆戻りである。

憲法は国の根幹であり、チンパンジーに触らせたら危険である。私は改憲派だが、安倍が改憲するくらいなら、未来永劫、今の憲法のままでいい。「憲法改正！」と大きな声を出せば、情弱の自称保守や耄碌した老人が喜んでくれるのかもしれないが、いじましいんですね。みっともない政治家ですよ、はっきり言って。

安倍を支持している連中のメンタリティーは基本的には左翼です。

とにかく憲法を変えればうまくいくというのは単なるオプティミズムであり、憲法を変えたら戦争になるという左翼と同類の花畑。

九条改正というエサを目の前にぶらさげられれば、まわりにウンコがついていても食べてしまう。

構造改革について①　二〇〇七年二月五日　参院予算委員会

私は、さらに構造改革を進めたいと、
こう思うわけでありますが、（中略）
いよいよ新しい未来を切り開いていくために
改革を前進をさせていかなければならないと、
このように決意をいたしておる次第でございます。
私どもが進んでいる道は間違いのない道でございます。

「この道しかない」とか「この道を。力強く、前へ。」といった安倍のフレーズは、以前から使われている。

二〇〇七年二月五日、安倍は国会で「私どもが進んでいる道は間違いのない道でございます」と述べ、こう続けた。

「村田清風もまた吉田松陰も孟子の言葉をよく引用されたわけでありますが、自らかえりみてなおくんば、一千万人といえどもわれゆかんと、この自分がやっていることは間違いないだろうかと、このように何回も自省しながら、間違いないという確信を得たら、これはもう断固として信念を持って前に進んでいく、そのことが今こそ私は求められているのではないかと、このように考えております」

要するに、自分の意見が正しいと思うなら、一千万人が反対しても、突き進むと。迷惑です。

第一章のコラムでも述べたとおり、これが保守の対極にある発想であることは明らかだ。保守は、「間違いのない道」という発想を根底的なところで否定する。人間理性を疑い、判断の過信を戒めるからだ。

もう一度、福田恆存の言葉を引いておこう。

村田清風／武士、長州藩士（家老）。毛利敬親の信任のもと、長州藩の藩政改革を主導。

「保守派は見とおしをもってはならない。人類の目的や歴史の方向に見とおしのもてぬことが、ある種の人々を保守派にするのではなかったか」（「私の保守主義観」）

「間違いのない道」はたいていの場合、間違うのである。

もっとも安倍に何を言ってもムダだろう。

安倍の発言も「間違いない」からだ。

「法案についての説明は全く正しいと思いますよ。私は総理大臣なんですから」（二〇一五年五月二〇日　党首討論）

「私は総理大臣としてあり得ないとこう言っているんですから。間違いありませんよ」（二〇一五年八月七日　国会答弁）

バカですね。

地球市民賞について　二〇一六年九月一九日　ニューヨーク市内で行われた授与式

私がこの賞（地球市民賞）を受賞するのは日本人を代表してのものだ。

これはちょっと笑ってしまった。アメリカのシンクタンク「大西洋評議会」が安倍に「地球市民賞」を授与。おめでとうございます。世界が「グローバリスト」であることを認めたわけですね。私が昔から指摘しているように、安倍の正体は「地球市民」である。

二〇一六年九月一九日、ニューヨーク市内で行われた授与式で安倍は「私がこの賞を受賞するのは日本人を代表してのものだ」と発言。一緒にするなよ。

国境にこだわらない「地球市民」。

日米同盟について① 二〇一六年一一月九日 トランプに対する祝辞

(日米両国は)普遍的価値の絆で固く結ばれた揺るぎない同盟国。

二〇一六年一一月八日、アメリカ大統領選で共和党の実業家ドナルド・トランプが勝利した。株価や為替相場は乱高下し、わが国の政界にも激震が走った。民主党のヒラリー・クリントン元上院議員の勝利を見込んでいた安倍は、大統領選の開票終盤、「話が違う」と外務省にいら立ちをぶつけたという。

同年九月の訪米では、ヒラリーとだけ会談。トランプを無視した形になり気まずかったのだろう。野党からトランプとのパイプを築いてこなかったことを批判されると、安倍はトランプ陣営の関係者とは会ったと胸を張り、しまいには「クリントン政権が誕生すると推測した事実はない」との政府答弁書を閣議決定した。痛々しいですね。

だが、本質的な問題は安倍がトランプ勝利を予測できなかったことではない。トランプ勝利後も、目の前で発生している事態をまったく理解していなかったことだ。

安倍はトランプに対し、「(日米両国は)普遍的価値の絆で固く結ばれた揺るぎない同盟国」「二一世紀においては、日米同盟は、国際社会が直面する課題に互いに協力して貢献していく『希望の同盟』であり、トランプ次期大統領と手を携えて、世界が直面する諸課題に共に取り組んでいきたいと思います」と祝辞を送っている。

トランプの勝利により否定されたのは「普遍的価値」という発想だ。トランプの発言を表面どおりに受け取ればアメリカは「世界が直面する諸課題」に積極的に取り組まないとの意思表明を行ったのである。

そもそも「普遍的価値」を持ち出すのは左翼の発想だ。

手を握られ続け、狼狽する安倍。

すくすく育てる 安倍ドリル

憲法の定義でふさわしいものは
どれですか？

1 王権の時代に権力を縛っていたもの

2 私たちの理想や国のあり方、
未来について語るもの

3 権力側が守るべきものであり、
国家秩序の根本規範

正解

③ 権力側が守るべきものであり、国家秩序の根本規範

答えは3番の「**権力側が守るべきものであり、国家秩序の根本規範**」だよ。安倍君が選んだのは1番と2番。

2014年2月3日、安倍君は国会で「憲法が権力を縛るためのものだったのは王権の時代。その考え方は古い。今われわれが改正しようとしている憲法は、国家権力を縛るためだけではなく、私たちの理想や国のあり方、未来について語るものにしていきたい」と発言。立憲主義の理解は保守思想の要。「憲法改正」と大きな声を出す前に、もう少し勉強しよう。

第四章

安倍晋三の歴史観

安倍でもわかる
マイケル・オークショットのお話

マイケル・オークショット／イギリスの政治哲学者。保守主義の代表的な理論家。

合理主義の危険性

これまで述べてきたように、保守主義とは、合理、理性、抽象を警戒する姿勢のことである。

一方、左翼、近代人、大衆は、合理、理性、抽象が大好きです。

合理を突き詰めると人間は非合理に支えられていると気づきますが、タチが悪いのは中途半端な合理主義者です。思慮が足りないので、制度の破壊に熱中する。左翼とは「中途半端な合理主義者」と定義してもいいでしょう。

世の中には治るバカと治らないバカがいます。治るバカは偉大なものに打たれた経験があるはずです。つまり、偉大なものに影響を受ける余地を残している。しかし、治らないバカは知を技術として認識する。ルネ・デカルト（一五九六～一六五〇年）以降の弟子たちです。

こうした連中を完全に否定したのがオークショットだ。

政治学者ハロルド・ラスキ（一八九三～一九五〇年）の後任としてロンドン・スクール・オブ・エコノミクス政治学教授を務めたオークショットは、啓蒙主義を批判し、政治と合理主義は馴染まないと説いた。政治には常に伝統的なもの、状況的なもの、移りゆくものが関係しているからだ。

しかし、左翼、近代人、大衆は、政治を合理的に処理しようとする。

オークショットは言う。

> こうしてその性向のため、彼にとっては受容と改革よりも破壊と創造の方が理解し易く携わり易いものとなる。繕うこと、修理すること（つまり、素材についての忍耐強い知識を必要とすることを行なうこと）を彼は、時間の無駄とみなす。そして彼は常に、そこにあるよく試された便法を利用することよりも、新たな趣向を発明することの方をよしとする。彼は、それが自覚的に引き起こされた変化

でないかぎり変化を認識せず、その結果容易に、慣習的なもの、伝統的なものを変化なきものとする誤りに陥る。

（「政治における合理主義」）

これは近代の傾向です。そこでは人間は等価ということになっている。だから政治を数値化できる。

頭が悪い人の特徴は、合理的で理性的で抽象的であることです。合理的に導き出された「正しい答え」、科学的に「正しい歴史」があるなら、考える必要もなくなる。十年一日同じスローガンを唱えて、社会運動に身を捧げればいい。こういう人は右にも左にもいる。要するに大衆です。

アレントは言います。

大衆は目に見える世界の現実を信ぜず、自分たちのコントロールの可能な経験を頼りとせず、自分の五感を信用していない。それ故に彼らには或る種の想像力が発達していて、いかにも宇宙的な意味と首尾一貫性を持つように見えるものならなんにでも動かされる。事実というものは大衆を説得する力を失ってしまったから、偽りの事実ですら彼らには何の印象も与えない。大衆を動かし得るのは、彼らを包み込んでくれると約束する、勝手にこしらえ上げた統一的体系の首尾一貫性だけである。あらゆる大衆プロパガンダにおいて繰り返しということがあれど効果的な要素となっているのは、大衆の呑み込みの悪さとか記憶力の弱さの故ではなく、単に論理的な完結性しか持たぬ体系に繰り返しが時間的な不変性、首尾一貫性を与えてくれるからである。

（『全体主義の起原』）

また、フランスの政治思想家アレクシ・ド・トクヴィル（一八〇五～五九年）はこう言います。

平等の世紀に生きる人々に好奇心は多いが、暇は少ない。彼らの生活は実用的で複雑であり、絶えずせかされ活動的である。そのため、ものを考える時間がほとんどない。民主的な世紀の人々が一般観念を好むのは、それが個別の事例を検討する手間を省いてくれるからである。

（『アメリカのデモクラシー』）

しかし、保守は常に観念を現実に突き合わせる。手間を省かない。理念より経験を重視する。

私は保守思想の本質は「愛」にあると思っている。

近代の理想として自由と平等については腐るほど語られてきたが、愛（博愛・友愛）についての言及が欠けている。

保守思想の理解が浅薄に終わる理由は、ここにあると思う。

そもそも愛があるから何かを守ろうとするのである。

そして愛がなければ敵も見えない。

オークショットが説いたのも「愛」だった。


さて、保守的であるとは、見知らぬものよりも慣れ親しんだものを好むこと、試みられたことのないものよりも試みられたものを、神秘よりも事実を、可能なものよりも現実のものを、無制限なものよりも限度のあるものを、遠いものよりも近くのものを、あり余るものよりも足りるだけのものを、完璧なものよりも重宝なものを、理想郷における至福よりも現在の笑いを、好むことである。

（「保守的であるということ」）


保守的な人間は、「得るところが一層多いかもしれない愛情の誘惑」よりも「以前からの関係や信義に基づく関係」を好む。また、「獲得し拡張すること」は、「保持し育成して楽しみを得る」ことほど重要ではない。彼らにおいては、革新の興奮より、喪失による悲嘆のほうが強烈である。そして、運命に対し淡々としており、自分の身にふさわしく生きていくことを知っており、完璧さを追求しようとしない。

オークショットはこうした保守性は、「進歩志向的」な態度に対して偏見にとらわれた敵意を示すものではなく、広範な人間の活動に対して、唯一適合的な性向だと指摘する。彼らは、イデオロギーを押し付けるのではなく、衝突を回避する法的な制約を提供する。

忘恩の徒

すでに述べたとおり、保守とは常識を守ることです。
愛着のある日々の生活を守ることです。
使い慣れたものを大事にすることです。
人々を守る「制度」を維持することです。
逆に言えば、伝統を軽視する者、日々の生活に愛着のない者、文化に価値を見いだすことができない者、こうした連中が社会にテロを仕掛けるわけです。

オークショットは言う。

変化の影響が及ばない人もいないわけではないが、それはただ、何事にも気を留めることのない者、自己の有するものについて無知で、自己の環境に対して何の感情も抱かない者だけに起こることである。また変化が無差別に歓迎されることもあるが、そんなことをするのは、大切に思う物事が何もなく、愛着がすぐに消えてしまう者、愛情や愛着に無縁な者だけである。（同前）

保守主義者は変化を嫌うのではない。非常識な変化を嫌うのだ。よって、変革は「自然な成長に一層似ていればいるだけ」好ましいと思うし、「特定の欠陥への対応としての変革」のほうが「人間の環境の状態を一般的に改善するという観念から生まれた変革」「一つの完璧な未来像から生まれた変革」より望ましいと思う。

大事なことは、変革が行われる時期だ。それは「計画されている変化が意図された範囲に限って実現される可能性が最も高く、望んでいない制御不可能な帰結によってそれが汚染される可能性が最も低い」時期である。

ここまで追えば、オークショットが政治をどう捉えたのか、しっくりわかるようになる。

オークショットが示した保守的な統治者は、安倍の対極にあるものだ。

二〇一四年一月二二日、世界経済フォーラム（ダボス会議）で安倍は「（自分は）既得権益の岩盤を打ち破る、ドリルの刃になる」「そのとき社会はあたかもリセットボタンを押したようになって、日本の景色は一変するでしょう」と発言。

二〇一五年の施政方針演説では、「改革」と計三六回、二〇一六年の施政方針演説で「挑戦」と計二一回連呼した。

オークショットは「統治者の職務」は、「単に、規則を維持するだけのこと」だと言う。規則を修正する際も、「それに服する者達の諸々の活動や信条における変化を常に反映したもの」でなければならない。それは押し付けられたもの、「全体の調和を破壊してしまうほどに大がかりなもの」であってはならない。

保守的な統治者は、政治とは「価値ある道具」を修繕しながら調子を維持するようなものと考える。一方、「真理のために指揮する」統治者は、自分の夢を「統治に服する人々」に押し付ける。

すでに述べたように、保守的な統治者の仕事は「情念」に火をつけることではなく、「その火を消すこと」だとオークショットは指摘した。

ほぼ同世代の福田恆存と同じことを言っているが、保守思想を突き詰めれば、同じ結論にたどり着くのである。

安倍に読んで聞かせたい
保守思想の名著

『政治における合理主義』
マイケル・オークショット著
勁草書房
論文集。保守思想の精髄。実践知を重視し、合理主義を批判した。

慰安婦問題について　二〇一七年一月八日　ＮＨＫの番組

(二〇一五年末の日韓合意に基づき)日本は一〇億円の拠出を既に行った。次は韓国がしっかり誠意を示していただかなければならない。

二〇一七年一月八日、安倍はＮＨＫの番組で、韓国・釜山の日本総領事館前に新たに設置された慰安婦像について、「(二〇一五年末の日韓合意に基づき)日本は一〇億円の拠出を既に行った。次は韓国がしっかり誠意を示していただかなければならない」と述べた。

翌日には、対抗措置として、駐韓大使の長嶺安政と釜山総領事の森本康敬を一時帰国させている。

安倍の発言に韓国メディアは反発。中央日報(電子版)は、一〇億円を返還し、日韓合意の無効を訴える政治家の意見を掲載。また、前国連事務総長の潘基文《パンギムン》は、慰安婦像撤去と関連するなら、「一〇億円を返したほうがいい」と発言した。

これは韓国メディアや潘基文が正しい。韓国国内でしっかり手続きを踏み、一〇億円を日本に返せばいい。当然、日韓合意は破棄すべきだ。

「韓国に対する日本政府の強気な対応が素晴らしい」などと喜んでいるミジンコ脳のネトウヨもいるようだが、日韓基本条約で解決済みの問題を蒸し返し、日韓政府が裏ですり合わせた河野談話を踏襲し、「不可逆的」に歴史を裁断したのは安倍である。

簡単に経緯を書いておきます。

一九九一年に日本政府が調査を始めたところ、二百数十点に及ぶ公式文書に慰安婦の強制連行を示す資料は一つも見つからなかった。にもかかわらず、官房長官の河野洋平は、慰安婦連行に強制性があったとする「河野談話」を発表。

その後、談話作成に関わった石原信雄元官房副長官の証言により、韓国政府が選んだ元慰

潘基文／韓国出身。第8代国際連合事務総長。

安婦一六人からの聞き取り調査だけで「強制連行」を認めたことが明らかになった。

談話作成には韓国政府が直接関与。当時の政府関係者らの証言によると、日韓両政府は談話の内容や字句、表現に至るまで発表の直前まで綿密にすり合わせていた。聞き取り調査の結果は、在日韓国大使館に渡され、韓国側は約一〇カ所の修正を要求。日本政府の公式事実認定においても、韓国の修正要求を受け入れていた。

当時、河野は「この問題は韓国とすり合わせるような性格のものではありません」と発言していたが、大嘘だった。要するに、自民党と韓国政府は日韓両国民を騙したのだ。

安倍は河野談話がデタラメであることを知りながら、権力を握ると河野談話を見直すつもりはないと表明。オバマの前で「河野談話は継承し、見直す考えはありません」（二〇一五年四月二八日）と述べ、「戦後七〇年談話」で、河野談話を引き継ぐことを日本政府として確定させた。

私は「軍による強制連行はなかった」などと見てきたようなことを言いたいのではない。慰安婦として働かざるを得なかったという点では広義の強制性はあったし、記録に残っていないだけで実際に強制連行はあったかもしれない。しかし、後世の人間の政治的判断により歴史を確定するのは、政治の越権であり歴史の冒瀆以外のなにものでもない。

北方領土について① 二〇一六年九月二日 ウラジオストクでの記者会見

新しいアプローチに基づく交渉を今後、具体的に進めていく道筋が見えてきた。手応えを強く感じとることができた会談だった。

二〇一六年九月二日、安倍はロシアのウラジオストクでプーチン大統領と会談。その後、記者団に対し、「プーチン大統領とは日ロ関係だけでなく、北朝鮮、シリア、ウクライナ問題といった国際社会が直面する諸課題について、ゆっくり時間をかけて議論した」「(日ロの)平和条約については二人だけでかなり突っ込んだ議論ができた。新しいアプローチに基づく交渉を今後、具体的に進めていく道筋が見えてきた。手応えを強く感じとることができた会談だった」「七〇年以上にわたり平和条約が締結されていない異常な状況を打開するためには、首脳同士の信頼関係のもと解決策を見いだしていくしか道はない」などと自画自賛。

二〇一六年一二月一五日には山口県で、一六日には東京でも会談。北方四島での共同経済活動に関する「報道向け声明」を発表した。

なにが「新しいアプローチ」なのかは知らないが、領土問題は進展があったどころか、大きく後退している。安倍は、北方四島で「共同経済活動」を行うことで合意したことをもって、「新しいアプローチ」と言うが、最初から領土問題を棚上げしているのだから、主権放棄に等しい。

プーチンは、来日前から「ロシアに領土問題は存在しない」と主張していたが、安倍は抗議も反論もせず、にへら顔。日本に領土の正当性があることすら主張しなかった。

この安倍の態度に逆にロシアが驚愕。

日本が北方四島の主権問題を棚上げし、共同経済活動の開始に合意したことに対し、ロシア国営テレビ局は「歴史的」と表現（二〇一六年一二月一五日）。別の番組では、「これは当然、衝撃的だ。なぜならば日本はこれまで、そのような活動に参

趣味は売国。

加することは、島における日本の〝主権なるもの〟に疑義を唱えるものになると考えていたからだ」と報じた。

また、ロシア記者団が「ロシアの法に基づいて共同経済活動を行うということに、日本側は抗議をしなかったのか」と質問すると、ペスコフ大統領報道官は「（四島の）主権問題は一切話し合われなかった。ロ側の主権に議論の余地はないからだ」と回答。

さすがは「外交の安倍」ですね。

アニメ『キャンディ♥キャンディ』の替え歌を以前作ったので貼っておきます。

〽国境なんて気にしないわ
橋下だってだってだってお気に入り
竹中平蔵大好き
アメリカロシアも大好き
わたしはわたしはわたしは
ギブミーキャンディー

北方領土について② 二〇一六年一二月一二日 首相公邸の面会

私の世代でこの問題に終止符を打つ。この決意で首脳会談に臨みたい。

二〇一六年一二月一二日、浮き足立った安倍は、北方領土の元島民らと首相公邸で面会。日ロ首脳会談において「私の世代で、この問題に終止符を打つ」と鼻息を荒くし、逆にプーチンに終止符を打たれた。

ロシア側はすでに態度を明らかにしていたわけで、その場の思いつきで外交をするので支離滅裂になる。

プーチンは日本の経済協力と領土問題は無関係だと明言。

結局、世間知らずのボンボンが、ロシアに三〇〇〇億円を貢がされたというだけの話。

要するに、舐められているんですね。

二〇一六年一二月一五日、安倍の地元・山口県で行われた日ロ首脳会談に、プーチンは二時間四〇分も遅刻。一二月二日にサンクトペテルブルクで外相の岸田文雄と会談したときも二時間遅刻している。一二月一六日の首相官邸の昼食会もプーチンの遅刻でお流れに。

二〇一六年一二月二〇日、安倍は講演で日ロ首脳会談で合意した経済協力の意義について「日本人とロシア人がともに働く中で理解と信頼が深まれば、北方四島を『対立の島』ではなく『共存の島』にできる」「政治も外交もリアリズムが大切だ」と発言していたが、リアリズムが決定的に欠如しているから政治も外交もすべて失敗するのである。

岸田文雄（右から二人目）／自民党の衆議院議員。第147、148代外務大臣。第8代宏池会会長。

教育について② 二〇〇七年四月二〇日 衆院教育再生に関する特別委員会

吉田松陰先生は、学は人たるゆえんを学ぶなり、このようにおっしゃっておられます。つまり、人として身につけるべきことを身につけていく、これこそが教育であろう。

二〇〇七年四月二〇日、国会で安倍はこう述べた上で続けた。

「私が申し上げておりますことは、すべての子供たちが高い水準の規範意識、そして学力を身につける機会を保障していくということに尽きるわけでございまして、いわば、多くの子供たちが今塾に通っているわけでありますが、塾に行くというのは出費がかさみます。また、私立に行かせなければという風潮も蔓延しているわけでありますが、しかし、いわば公立学校において、先ほど申し上げましたように、高い水準の規範意識、そして学力を身につけることができるようにしていかなければいけない、これも教育再生の目的の大きな柱の一つでございます」

なにが「いわば」なのかよくわからないが、安倍には「人として身につけるべきこと」が完全に欠落している。

きちんと箸を持つことができないし、食事のマナーは小学生以下。挨拶することも謝ることもできない。人の話を聞かない。

TPPに参加しないと訴えて選挙をやり、政権をとった途端にTPPに参加することを既定路線のように話し始める。「コメなど重要五項目を聖域として死守する」との約束も嘘だった。「デフレ下の（消費税）増税はしない」という方針も反故に。

第一次安倍政権の任期中に靖国神社に参拝できなかったことを「痛恨の極み」と言い、「一国の指導者が、その国のために殉じた人びとにたいして、尊崇の念を表するのは、どこの国でもおこなう行為である」（『新しい国へ』）と述べながら、首相就任後は終戦の日も秋季例大祭も参拝を見送った。

スペインの哲学者オルテガ・イ・ガセットは言う。

「わたしは、この危惧すべき下降傾向は、『慢心しきったお坊ちゃん』のこの上もない異常さのうちにありありとうかがえると思う。というのは、『慢心しきったお坊ちゃん』とは、自分の好き勝手なことをするために生まれてきた人間だからである。実は『良家の御曹子』はこうした錯覚にとらわれるものである。その理由は、すでに周知のごとく、家庭内においては、いっさいのものが、大罪までもが最終的にはなんの罰も受けずに終わってしまうからである。家庭という境界内は比較的不自然なもので、社会や街中でやったとすれば当然のことにただではすまされないような行為の多くが許されるのである。しかし、『お坊ちゃん』は、家の外でも家の内と同じようにふるまうことができると考えている人間であり、致命的で、取り返しがつかず、取り消しえないようなものは何もないと信じている人間である。だからこそ、自分の好き勝手にふるまえると信じているのである。なんと大きな誤りであろうか」（『大衆の反逆』）

オルテガ・イ・ガセット／スペインの哲学者。主著に『大衆の反逆』。

核兵器について　二〇一五年八月一四日　内閣総理大臣談話

唯一の戦争被爆国として、核兵器の不拡散と究極の廃絶を目指し、国際社会でその責任を果たしてまいります。

二〇一五年八月一四日、安倍は内閣総理大臣談話を発表。

「私たちは、自らの行き詰まりを力によって打開しようとした過去を、この胸に刻み続けます。だからこそ、わが国は、いかなる紛争も、法の支配を尊重し、力の行使ではなく、平和的・外交的に解決すべきである。この原則を、これからも堅く守り、世界の国々にも働きかけてまいります。唯一の戦争被爆国として、核兵器の不拡散と究極の廃絶を目指し、国際社会でその責任を果たしてまいります」

二〇一四年八月六日の広島市原爆死没者慰霊式並びに平和祈念式の挨拶では、「核兵器の惨禍が再現されることのないよう、非核三原則を堅持しつつ、核兵器廃絶に、また、世界恒久平和の実現に、力を惜しまぬことをお誓いし、私のご挨拶といたします」などと語っていた。

もちろん、いつものホラである。

二〇〇二年五月一三日、安倍は早稲田大学で講演。「憲法上は原子爆弾だって問題ではないですからね、憲法上は。小型であればですね」と発言（『サンデー毎日』二〇〇二年六月二日号）。

二〇一六年一二月二三日、国連安全保障理事会で南スーダンに対する武器の輸出などを禁ずる制裁決議案の採決があったが、日本政府は採決を棄権。結果、決議案は否決された。南スーダン政府軍を刺激して「駆けつけ警護」が攻撃の対象にならないようにしたかったらしい。

要するに、国会で失政の責任を追及されないための都合。

これが安倍の言う「国際社会」における「責任」である。

南スーダンの「戦闘」は「衝突」。撤退を決めた理由は「5年経ったから」。

集団的自衛権について　二〇一五年七月一〇日　自民党の動画チャンネル「CafeSta」

国連憲章は、全ての国が個別的および集団的自衛の固有の権利を有することを承認している、と言及していますから、当然この判決を下した裁判官の中にですね、集団的自衛権、個別的自衛権、この概念は頭の中にあったと、これは間違いない。

もちろん、間違いである。

自民党の動画チャンネル「CafeSta」で、衆院議員の牧島かれんが「わが国の平和と安全を維持するのは当然のことである、と最高裁でも判決が出されている。けれども、それと集団的自衛権ということを考えたときに、この砂川判決のときには集団的自衛権という概念はそもそもなかった、とは言えないでしょうか？」と質問。

するとと安倍は「確かに、今、そういう批判があります。その批判は全く間違っているんです。事実に反します。この判決の中にですね、国連憲章は、全ての国が個別的および集団的自衛の固有の権利を有することを承認している、と言及していますから、当然この判決を下した裁判官の中にですね、集団的自衛権、個別的自衛権、この概念は頭の中にあったと、これは間違いない」「今、憲法違反だという人たちがいますけど、まさに国連憲章の中でも全ての国は、この集団的自衛権は個別的自衛権とともに権利として持っていると言っている」などと述べていた。

党がやっている番組だから、すべて仕込みだろうが、安倍の説明がデタラメであることは、その後きちんと検証されている。

元最高裁判事の濱田邦夫は、安倍政権が砂川事件の最高裁判決を合憲の根拠としていることについて、判決は日本の自衛権が争われたわけではないとして「間違っている」と断言。安倍が「今回の法整備にあたり、憲法解釈の基本的論理は全く

濱田邦夫／元最高裁判事。

変わっていない」と発言したことについては、「法律専門家の検証にたえられない。裁判所では通らない」とした。

元最高裁長官の山口繁は、「少なくとも集団的自衛権の行使を認める立法は違憲だと言わざるを得ない」と述べ、砂川事件に関しては、「当時の最高裁が集団的自衛権を意識していたとは到底考えられないし、（憲法で）集団的自衛権や個別的自衛権の行使が認められるかを判断する必要もなかった」と否定。安倍は法治主義を理解していないと批判した（『朝日新聞』二〇一五年九月三日）。

同番組で安倍は言う。

「戸締まりで言えば、かつてはですね、自分の財産を守るためにはドアに鍵をかけて、雨戸をちゃんと閉めておけば泥棒が防げた、よって自分の財産も守れたんですけども、今や例えば、振り込め詐欺でおばあちゃんやおじいちゃんが騙されてしまう。こんな犯罪も出てきましたね。そういうのにしっかりと対応していかなければならない」

説教強盗みたいなものですね。こんなアホな説明に騙される奴もいるのだから、振り込め詐欺もなくならないわけだ。

すくすく育てる 安倍ドリル

「表現の自由の優先的地位」とは
何ですか？

1 民主主義を担保するものであり、
自由の証し

2 内心の自由を
われわれは持っているということ

3 表現の自由を
優先的な地位に置かないと
是正手段がなくなるということ

正解

③ 表現の自由を優先的な地位に置かないと是正手段がなくなるということ

答えは3番の「**表現の自由を優先的な地位に置かないと是正手段がなくなるということ**」。安倍君は1番と2番を選んじゃったね。

2016年2月16日、安倍君は国会で「表現の自由はもっとも大切な権利であり、民主主義を担保するものであり、自由の証し」と発言。その真意を問われると、「内心の自由、これは、いわば思想、考え方の自由をわれわれは持っているわけでございます」と謎の答弁。民進党の山尾志桜里さんから「法律の話をしていて自由の証しという言葉を私は聞いたことがありません」「これがわからないと大変心配です」と叱られていたね。山尾さんは「憲法の最初に習う基本のキです。経済的自由は大変重要な権利ですけれども、国がおかしいことをすれば、選挙を通じてこれは直すことができるんです。でも、精神的自由、特に内心の自由は、そもそも選挙の前提となる国民の知る権利が阻害されるから、選挙で直すことができないから、優越的な地位にある。これが憲法で最初に習うことです」と説明していたけど、安倍君には少し難しかったみたい。テストに出てくるので覚えておこう。

第五章

安倍晋三の政治力

安倍でもわかる三島由紀夫のお話

民族主義の罠

小説家・劇作家の三島由紀夫は、一九六一年に二・二六事件をテーマにした『憂国』を発表。一九六八年、民兵組織「楯の会」を結成。『豊饒の海』四部作完成後、自衛隊市ヶ谷駐屯地で自衛隊員にクーデターへの決起を呼びかけ、割腹自殺した。

これをもって三島はエキセントリックな右翼と誤解されることが多いが、私の判断では極めて真っ当な保守である。

たしかに晩年、三島は右傾化した。その事情は拙著『ミシマの警告』(講談社＋α新書)で書いたので繰り返さないが、三島は文学者、保守主義者として死んだのではなく、武

三島由紀夫／小説家、劇作家、評論家。自衛隊市ヶ谷駐屯地にて割腹自殺。

士として憤死したのである。保守主義者が右翼に転じることはあり得るが、保守主義者であり同時に右翼であることは概念上あり得ない。保守主義者としての三島は、国家主義や民族主義に対する警戒を怠らなかった。

第一、日本にはすでに民族「主義」というものはありえない。われわれがもはや中近東や東南アジアのような、緊急の民族主義的要請を抱え込んでいないという現実は、幸か不幸か、ともかくわれわれの現実なのである。（『裸体と衣裳』）

国家主義や民族主義は、保守性とは直接関係ない。共産ゲリラは民族主義と結合したし、社会主義国はナショナリズムに支えられている。

三島には守るべきものがあった。

それは日本語です。

言葉はわれわれが生まれる前から存在しているものであり、自国語で思考する以上、それは世界そのものである。

三島は言います。

ことばというものは、結局孤立して存在するものではない。芸術家が、いかに洗練してつくったところで、ことばというものは、いちばん伝統的で、保守的で、頑固なもので、そうしてそのことばの表現のなかで、僕たちが完全に孤立しているわけではない。

（「対話・日本人論」）


言葉の中に、あらゆる「日本的なもの」は含まれている。

では、日本語を守るためには、どうすればいいのか？

自由社会、社会の靭帯である皇室、議会主義を守らなければならないと三島は考えた。

よって、敵は左と右から発生する全体主義ということになります。

全体主義は近代特有の病です。

だから、近代を知る必要がある。

三島は「アジアにおける西欧的理念の最初の忠実な門弟は日本であった」と言います。

しかし日本は近代史をあまりに足早に軽率に通り過ぎてしまった。近代化を急ぐあまり、西欧的理念の表層だけを受容した。そして啓蒙思想の危険性を説いてきた真っ当な知の系譜を軽視した。

日本はほぼ一世紀前から近代史の飛ばし読みをやってのけた。その無理から生じた歪みは、一世紀後になってみじめに露呈された。（「亀は兎に追いつくか？」）

「近代史の飛ばし読み」により、われわれは、自分たちが何をやっているのかさえわからなくなったのである。

こうして「保守」が「急進的改革」を唱え、権力の中枢において国家の解体が進められ、「愛国者」が「売国奴」に声援を送る時代がやってきた。

言葉の混乱

三島は言葉を正確に使う人でした。

だから、言葉の混乱が許せなかった。

戦後の日本の政治家で、もっとも言葉が軽いのは間違いなく安倍だろう。

頭も軽いが、言葉も異常に軽い。

三島は言います。

記者クラブのバルコニーから、さまざまな政治的スローガンをかかげたプラカードを見まわしながら、私は、日本語の極度の混乱を目《ま》のあたりに見る思いがした。歴史的概念はゆがめられ、変形され、一つの言葉が正反対の意味を含んでいる。

（中略）

民主主義という言葉は、いまや代議制議会制度そのものから共産主義革命までのすべてを包含している。平和とは時には革命のことであり、自由とは時には反動政治のことである。長崎カステーラの本舗がいくつもあるようなもので、これでは民衆の頭は混乱する。政治が今日ほど日本語の混乱を有効に利用したことはない。私はものを書く人間の現代喫緊《きっきん》の任務は、言葉をそれぞれ本来の古典的歴史的概念へ連れ戻すことだと痛感せずにはいられなかった。（「一つの政治的意見」）

三島が指摘するとおり、言葉の混乱は政治に利用される。

わが国においては、民主主義と議会主義が混同され、単なる反共主義者や新自由主義者、アメリカかぶれ、国家主義者が「保守」と呼ばれてきた。

言葉のごまかしは全体主義の指標だが、安倍政権下において最終段階を向かえている。移民は「外国人材」、家族制度の破壊は「女性の活用」、戦争に巻き込まれることは「積極的平和主義」、秩序破壊のための実験は「国家戦略特区」、不平等条約のＴＰＰは「国家百年の計」、南スーダンの戦闘は「衝突」……。議事録も勝手に書き換える。都合の悪いことがあれば、現実のほうを歪めるわけです。

事実そのものが抹消・捏造されるなら、歴史の解釈すら不可能になる。

三島の敵は、まさに「安倍的なもの」だった。

安倍に読んで聞かせたい
保守思想の名著

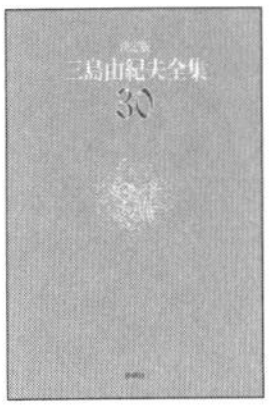

『決定版 三島由紀夫全集』
三島由紀夫著
新潮社
全42巻／補巻1、別巻1。文学作品と評論は巻ごとに収録。

トランプ大統領について　二〇一六年一一月一〇日　トランプとの電話会談

（アメリカ大統領選におけるトランプ勝利について）あなたの勝利はアメリカンドリームだ。

二〇一六年一一月一〇日、安倍はトランプと電話で会談し、「あなたの勝利はアメリカンドリームだ」と伝えた。電話は十数分間で、肝心の経済連携協定や駐留米軍の経費の問題については話題にならなかったという。

トランプの政策は、日本の状況を根底から変える。

アメリカの世界覇権を前提として頓珍漢なことを繰り返してきた安倍政権は追い詰められていくはずだ。やるべき国防（個別的自衛権の強化）を怠り、妄想を膨らませた上で集団的自衛権がどうこうと浮かれ立ち、移民政策を進め、農協や家族制度の解体を図り、皇室を軽視してきた安倍とその周辺の一派、自称保守メディア、言論人の責任は今後きちんと検証しなければならない。

二〇一六年一一月一三日、トランプはCBSテレビのインタビューで、選挙戦の公約に沿って、犯罪歴のある不法移民ら二〇〇万〜三〇〇万人を強制送還する方針を明らかにした。「犯罪歴のある不法移民」と限定しているわけで、ある程度現実的な対応だ。一方、わが国には「もはや国境や国籍にこだわる時代は過ぎ去りました」などと与太を飛ばし、世界各国で移民問題が噴出する中、全力で移民政策を進める総理大臣がいる。

わが国では義務教育レベルの知識のない元ニートでも、間違いが重なれば総理大臣になってしまう。

ここまで強烈なアメリカンドリームは日本にしかない。

安倍「私は朝日新聞に勝った！」
トランプ「俺もニューヨーク・タイムズに勝った！」

日米同盟について② 二〇一七年一月一四日 衆院予算委員会

日本の立場、首相としてはトランプ氏と親密な関係をしっかりつくり、世界に示すしか選択肢がない。

二〇一七年一月一四日、安倍は衆院予算委員会で、日米首脳会談を踏まえ、日米二国間の自由貿易協定（FTA）などについて答弁。

国際社会においてトランプ大統領への批判が多いことに関しては、「日本の立場、首相としてはトランプ氏と親密な関係をしっかりつくり、世界に示すしか選択肢がない」と強調した。

「この道しかない」というわけだが、要するに「日本はアメリカの属国だ」と抜かしたわけですね。

世の中にはそう思っていても、口に出してはいけないことがある。

国会運営について　二〇一七年一月二〇日　衆院本会議

未来は変えられる。ただ批判に明け暮れたり、言論の府である国会の中でプラカードを掲げても、何も生まれない。

二〇一七年一月二〇日、安倍は衆院本会議で施政方針演説を行い、「未来は変えられる。ただ批判に明け暮れたり、言論の府である国会の中でプラカードを掲げても、何も生まれない」と述べた。

これは安全保障関連法やTPP関連法などで「強行採決反対」といったプラカードを掲げた民進党など野党を当てこすったものだろう。

自民党幹事長の二階俊博は「神聖な国会内に、プラカードや他の道具を持ち込んでよいか悪いかは、子供でもわかる」と発言。

面白かったのは、その後、『日刊ゲンダイ』の記事をはじめ、ネット上に自民党の議員たちがプラカードを国会内で掲げる写真が次々と上げられたこと。

そこには「天下り根絶をなぜやらない」「労組の言いなり。公務員天国温存法案反対」「選挙目当て法案」「強行採決一〇回目」「郵政暴走　普天間暴走」「郵政改悪」といったプラカードを掲げる大勢の自民党議員の姿が。

安倍は施政方針演説で、「意見の違いはあっても、真摯かつ建設的な議論を戦わせ、結果を出していこうではないか」と呼びかけたが、ただ批判に明け暮れ、「共謀罪」や「森友学園」など都合の悪いことには口をつぐみ、言論の府である国会で強行採決を繰り返しているのはどこの政党なのか。

森友学園問題は鮨友問題であり、安倍晋三問題である。

オスプレイ墜落について　二〇一六年一二月一四日　首相官邸記者会見

〈米海兵隊の新型輸送機MV22オスプレイが〉重大な事故を起こしたことは大変遺憾だ。原因の徹底的な究明を強く要請している。

二〇一六年一二月一三日、米海兵隊の新型輸送機MV22オスプレイが沖縄県名護市沖に墜落し、大破した。安倍は翌日の会見で「重大な事故を起こしたことは大変遺憾だ。原因の徹底的な究明を強く要請している。飛行の安全確保が大前提だ」と述べた。

では「原因の徹底的な究明」は行われたのか？

政府は負傷者が出たこの事故を「不時着」と表現。米海軍安全センターは事故の規模を最も重大な「クラスA」に分類し、米軍の準機関紙・星条旗新聞でも「crashed」（墜落）という単語を使っているのに、意味不明。

米軍はオスプレイの飛行を停止したが、同月一九日には全面再開。原因究明もロクにせずに飛ばしたのは、もちろん安倍が許可したからである。官房長官の菅義偉は「理解できるものと認識」、防衛大臣の稲田朋美は「理解できる」とコメント。

一二月一四日、沖縄県副知事の安慶田光男が在沖米軍トップのローレンス・ニコルソン四軍調整官と面会し抗議したが、ニコルソンは机を叩き「県民や住宅に被害を与えなかったことは感謝されるべきだ」「政治問題にするのか」「抗議書にパイロットへの気遣いがあってもいいのではないか」と声を荒げたという。

ちなみに、二〇一七年一月二〇日、沖縄県うるま市の伊計島の農道に米軍普天間飛行場（宜野湾市）に所属する海兵隊の攻撃ヘリAH1が不時着した。乗員や住民にけが人はなく、機体に損傷はない。

これは不時着である。

言葉の使い方がデタラメだから辻褄が合わなくなるのである。

欧米か！

内閣について　二〇一六年八月三日　首相官邸

「未来への責任」を果たしていく。
これが新たな内閣の最大の使命であります。
「未来」に向かって挑戦、挑戦、
そして挑戦あるのみです。
あくなきチャレンジを続けてまいります。
この内閣はいわば「未来チャレンジ内閣」であります。

わずか五つのセンテンスの中に、「未来」が三回、「挑戦」が三回、「チャレンジ」が二回。内閣改造のたびに安倍は同じようなことを言っているが、結局「お友達」を集め、次々と問題を起こし、わが国の立場を危うくするのがいつものパターン。

二〇〇六年九月、第一次安倍政権が発足。

同年一〇月三一日には、政府主催の「教育改革タウンミーティング」で自作自演が行われていたことが発覚。内閣府は参加者に、教育基本法改正に賛成の趣旨の質問をするよう依頼していた。

同年一二月一六日、政府税制調査会会長の本間正明が官舎に愛人を住まわせていた問題が発覚し辞任。

同年一二月二六日、内閣府特命担当大臣（規制改革担当）の佐田玄一郎の政治団体が、架空の事務所の光熱費や事務所費など計七八〇〇万円を計上し、虚偽の政治資金収支報告書を提出していたことが発覚。一二月二八日に大臣を辞任。

二〇〇七年三月七日、農林水産大臣の松岡利勝が、議員会館では無料の光熱水費を二八八〇万円計上していたことが発覚。五月二八日に赤坂議員宿舎で首吊り自殺。

同年六月三〇日、防衛大臣の久間章生が、「戦争を終結させるためには（原爆投下は）しょうがない」と発言。七月三日、責任をとる形で辞任。

疑惑を説明せず隠れ逃げまわった
「現代の武士」。

同年七月七日、農林水産大臣の赤城徳彦の政治団体が、事務所としての実態がない実家に約九〇四五万円の経費を支出。八月一日、辞任。

同年九月三日、補助金不正受給の問題で、農林水産大臣の遠藤武彦が辞任。在任期間はわずか八日。憲政史上二番目の短さとなった。

同年九月一二日、安倍はいきなり政権を放り出す。「テロ特措法の延長困難」「党首討論を断られたから」「体調不良」などと説明は二転三転した。

第一次政権の閣僚はクズばかり。正常な人間なら、「お仲間だけ集めたらまずい」と反省するのだろうが、安倍に学習能力はなかった。


二〇一二年一二月二六日、第二次安倍政権が発足。

二〇一四年一〇月、経済産業大臣の宮沢洋一の資金管理団体がSMバーで政治活動費を支出していたことが発覚。

同年一〇月二〇日、公職選挙法違反の疑いで法務大臣の松島みどりが辞任。同日、経済産業大臣の小渕優子も公職選挙法違反の疑いが発覚し、辞任している。

同年一〇月、防衛相の江渡聡徳が不適切な政治資金の会計処理を行っていたことが発覚。

二〇一五年二月二三日、農林水産大臣の西川公也が政治献金問題で辞任。ちなみに西川は過去にも収賄容疑で逮捕されている。

二〇一六年一月二八日、内閣府特命担当大臣（経済財政政策）の甘利明が、金銭授受疑惑で辞任。

二〇一七年一月一三日、前復興相の高木毅がパンツ泥棒だったと報じられた件について、福井県連が調査した結果、高木が女性宅に侵入し現行犯逮捕されていたことが判明。


ヨハン・ヴォルフガング・フォン・ゲーテ（一七四九〜一八三二年）は言う。

「あらゆる泥棒のなかでばかが一番悪質だ。彼らは諸君から、時間と気分と二つのものを盗むから」

二〇一三年五月五日、安倍はスマートフォン用アプリ「ＬＩＮＥ」に寄せられた子供たちからの質問に対し、「総理大臣になるための近道はありません。友達をたくさんつくることが一歩だと思います」と答えている。

共謀罪について　二〇一七年一月二三日　衆院本会議

（共謀罪の法案を整備しなければ）東京オリンピック・パラリンピックをできないと言っても過言ではありません。

世の中がおかしくなるときは、言葉のごまかしから始まる。

共謀罪の法案を提出するときも、「テロ等準備罪」などとごまかしていたが、共謀罪の対象になるようなものは、現行の法律（予備罪・準備罪・ほう助罪・共謀共同正犯など）で、対応できるはずだ。

二〇一七年一月二三日、安倍は「三年後に差し迫った東京オリンピック・パラリンピックを開催するためにはテロを含む組織犯罪を未然に防止し、これと戦うための国際協力を可能にするこの条約を締結することは必要不可欠であります」「条約の国内担保法を整備し、本条約を整備することができなければ、東京オリンピック・パラリンピックをできないと言っても過言ではありません」などと言っていた。

安全対策の名目の下、権力が暴走することが問題なのである。

だからこそ、自民党はこれまで共謀罪を成立させることができなかった。

共謀罪を批判するのは保守の役割だが、自称保守メディアはアホばかり。

そもそも、オリンピック招致の際、日本は安全だと散々言っていたのはどこのすっとこどっこいなのか？

「言うことを聞かないと遠足に連れていかない」と小学生を脅す担任の先生じゃあるまいし、だったらオリンピックなんてやらなくていい。

おい、小池。

自由貿易について　二〇一六年一一月九日　トランプに対する祝辞

世界経済の原動力であるアジア太平洋地域の安定は、米国に平和と繁栄をもたらすものです。

歴史人口学者のエマニュエル・トッドがトランプ勝利について分析をしていた（朝日新聞デジタル　二〇一六年一一月一七日）。

「自由貿易と移民が、世界中の働き手を競争に放り込み、不平等と停滞をもたらした、と人々は理解し、その二つを問題にする候補を選んだ。有権者は理にかなったふるまいをしたのです」

「トランプ氏選出で米国と世界は現実に立ち戻ったのです。幻想に浸っているより、現実に戻った方が諸問題の対処は容易です」

「議会共和党が、トランプ氏を制御するのではと言われます。でも、自由貿易がこの選挙で中心的なテーマになったことは、みんな知っています。議員たちも反自由貿易の空気を考慮せざるを得ないでしょう」

アメリカは世界中に「普遍的価値」を押し付けるというネオコン路線、グローバリズム路線に疲れ果て、これまでも世界の警察からの撤退を匂わせてきた。要するに、トランプ勝利はアクシデントではない。イギリスのEU離脱も含めて、大きな流れの延長線上にある。アメリカが内側に引っ込めば、世界のパワーバランス、カネの流れも変わる。にもかかわらず、安倍はトランプに対する祝辞で「世界経済の原動力であるアジア太平洋地域の安定は、米国に平和と繁栄をもたらすものです」などと能天気なことを述べていた。だが実際には、「アジアに米国の軍隊を出すことが、本当に米国の利益につながるのか?」という不信感がトランプの票につながっているのである。わが国は一体いつ夢から覚めるのか。幻想に浸っているより、現実に戻ったほうが諸問題の対処は容易である。

エマニュエル・トッド／フランスの歴史人口学者、家族人類学者。

強行採決について　二〇一六年一〇月一七日　衆院特別委員会

わが党においては（一九五五年の）結党以来、強行採決をしようと考えたことはない。

二〇一六年一〇月一七日、環太平洋経済連携協定（TPP）の承認案を審議する衆院特別委員会で、安倍は「わが党においては（一九五五年の）結党以来、強行採決をしようと考えたことはない」と発言。これは、TPP特別委理事の福井照が「強行採決という形で（承認が）実現するよう頑張る」と発言したことに関連したもの。

もちろん、自民党は過去に何度も強行採決を行

ジョージ・オーウェル『一九八四年』の世界。

っている。

二〇一五年九月の安全保障関連法案の審議では、参院特別委で与野党議員がもみ合う中、採決を強行。参院の速記担当者は「速記中止」「発言する者多く、議場騒然、聴取不能」と記録したが、議事録では「速記を開始し」「右両案の質疑を終局した後、いずれも可決すべきものと決定した」という記述になっていた。なるほど、議事録で修正するなら、強行採決も「ない」ことになる。

二〇一六年一〇月二七日、安倍は「強行採決をしようと考えたことはない」と述べたことについて、「今日に至るまで、この瞬間まで、全く（認識に）変わりはない」「自民党は結党以来、強行採決をしようと考えたことはない」と繰り返した。

農林水産相の山本有二が強行採決に言及した件については「誤解を生む発言」とごまかし、国会対策委員長の竹下亘が「衆議院は（TPPを）強行採決して、ぐちゃぐちゃになってしまう残念な結果だった」と発言したことについては、「言葉遣いを間違えた」と竹下に釈明させた。これもいつものパターンですね。

安倍信者によると、強行採決をしたかどうかは別として、「考えたことはない」と言っているだけだと。

一休さんかよ。

すくすく育てる 安倍ドリル

保守思想家は「権力」を
どう扱うべきだと考えましたか？

1 三権分立や二院制などの権力の分散

2 一院制の導入や
党中央への権力の集中

3 権力自体の否定

正解

1　三権分立や二院制などの権力の分散

答えは1番の「**権力の分散**」。

安倍君は2番の「一院制の導入や党中央への権力の集中」をもくろんでいるようですが、メンタリティーは典型的な左翼だね。マクシミリアン・ロベスピエール、アドルフ・ヒトラー、ヨシフ・スターリン、毛沢東、ポル・ポト……。彼らが試みたのは権力の集中により、理想社会を人為的に設計することでした。フランス革命を批判したイギリスの歴史家・思想家ジョン・アクトンは「権力は腐敗する、専制的権力は徹底的に腐敗する」と言いました。三権（五権）分立を唱えたフランスの哲学者シャルル＝ルイ・ド・モンテスキューは「権力をもつ者はすべて、それを濫用する傾向があることは、永遠の体験である。彼は限界を見いだすところまで進む。だれが知ろう、徳性さえもが限界を必要とするのだ。人が権力を濫用しえないためには、事物の配列によって、権力が権力を阻止するのでなければならぬ」（『法の精神』）と言います。

一院制の導入を唱える安倍君は、やっぱり政治家には向いていないよね。

第六章

安倍晋三の経済観

安倍でもわかる
フリードリヒ・ニーチェのお話

フリードリヒ・ニーチェ／ドイツの古典文献学者、哲学者。

ニーチェと保守主義

ニーチェ（一八四四～一九〇〇年）は保守主義者です。

こう言うと、「なに言ってんだ」という反応が返ってくると思います。

その理由は簡単です。

世の中には自分の頭で考えず、原典を読まない人が多いからです。

それで、巷にあふれているデタラメなニーチェ解釈を鵜呑みにしてしまう。

すなわち、ニーチェは「徹底的に権威を否定した価値の破壊者」であり、「道徳を呪う無神論者」であり、「ニヒリスト、相対主義者、アナーキスト」であると。

ここでは、こうした説明が大間違いであることを説明しておきます。

ニーチェの哲学は、価値と道徳を擁護し、無神論の欺瞞を暴き立て、ニヒリズムの超克を示すものに他ならない。

ニーチェはキリスト教の道徳を否定したのであり、逆に道徳の復権を説いたのだ。

ニーチェはキリスト教の価値を否定したのであり、逆に価値の復権を説いたのだ。

ニーチェはキリスト教の構造が、神の姿を歪め、人類の価値を汚したことを指摘したのである。現実の背後に「真理」を設定するプラトン主義が、キリスト教を経由して、近代理念にたどり着いたというのがニーチェの見取り図だ。

結局はプラトンに対する私の不信は深い。すなわち、私は彼を、古代ギリシア人の根本本能からきわめて逸脱したもの、きわめて道徳化されたもの、きわめて先在キリスト教的なものとみとめるので――彼はすでに至高の概念としての「善」という概念をもっている――私はプラトンという全現象について、「高等詐欺」という、ないしは、聞こえがよいと言うなら、理想主義という手厳しい言葉を――なんらかの他の言葉よりもむしろ使いたい。

（『偶像の黄昏』）

ニーチェが批判したのは「神」ではなくて、「神として崇められていたもの」である。キリスト教は「神」という概念を自然や大地、民族、固有の歴史から切断し、都合よく捻じ曲げ、「神の下の平等」という呪文により、人類を個に分断し、弱体化させ、家畜化した。これが近代理念に化けたのである。

　この概念のうちには平等権のあらゆる理論の原型があたえられている。人類はこの平等の原理をまず宗教的語調で口ごもることを教えられたが、のちには人類のために道徳がこの原理からでっちあげられた。（『権力への意志』）

ニーチェは、近代がニヒリズムにたどり着く構造を示し、前近代に戻ることができないことを確認した上で、人間の可能性について考えた。

保守主義は啓蒙思想を警戒する姿勢のことだ。こうした意味において、ニーチェはもっとも根源的な保守思想家と言ってよい。

理性を疑え！

ニーチェは人間は健康であるべきだと考えた。

しかし、今の人間は不健康である。

キリスト教およびそこから派生した近代思想により考え方が歪んでいるからだ。

ニーチェは言う。

> 現代人の批判。――「善人」とは、劣悪な制度（圧制者や僧侶）によって頽廃され誘惑された者にすぎない、――権威としての理性、――誤謬の超克としての歴史、――進歩としての未来、キリスト教的国家（「軍隊の神」）、――キリスト教的性生活（ないしは結婚）、――「公正」の国（「人間性」の崇拝）、――自由。（同前）

> 今日最も深く攻撃されているもの、それは伝統の本能と意志とである。この本能にその起源を負うすべての制度は、現代精神の趣味に反するのである。（同前）

ニーチェは「伝統の本能と意志」について語ります。

神は本来、民族の価値を投影したものだった。自分自身を信じている民族は、自分たちの神を持つ。民族は、自分たちの成功、運命、季節が巡ってくること、農業や牧畜の成功などを「神」に感謝し、自分たちの生長と健康を祝った。そこにあるのは自己肯定の感情です。そこには先祖に対する畏敬の念と恐怖も含まれる。これは、とても健康的な感情です。

もちろん、ニーチェは「民族の神」もフィクションだと考えている。しかし、それは健全なフィクションであり、民族がよりよく生きるための技術なのです。

民族は経験により得てきたものを守ろうとする。そして、それを「実験」にかけることを嫌う。その正統性の根拠は、時間にある。

法は「厳重に篩《ふるい》にかけられた巨大な経験」によって証明される。国家制度は「すなわち、伝統への、権威への、向こう数千年間の責任への、未来にも過去にも無限にわたる世代連鎖の連帯性への意志がなければならないのである」（『偶像の黄昏』）。

ニーチェは嘆く。

また、〈近代的理念〉というものに寄せる愚にもつかぬたわいない妄信のなかに、いなさらには全キリスト教的ヨーロッパ道徳のなかに隠されている宿業を推知した者、こうした者たちは、じつに比類を絶した懸念に悩まされるのだ。
（『善悪の彼岸』）

こうしたニーチェを単なる価値の破壊者と見るのは悪い冗談だ。
理性を疑わない傲慢な思考が野蛮を生み出すのである。
ニーチェは「理性を疑え」と言った。
「人間理性に懐疑的であるのが保守」です。

安倍に読んで
聞かせたい
保守思想の名著

『偶像の黄昏 反キリスト者』
フリードリヒ・ニーチェ著
ちくま学芸文庫
キリスト教においては、生を強化するものが悪とされ、弱化するものが善とされた。

構造改革について② 二〇一七年一月一日 ニッポン放送のラジオ番組

デフレだとワクワクしない。今年よりも来年が良くなっていくという中で、ワクワクしていく日本をつくっていくことが今年の新たなテーマだ。

わが国には「ワクワク」という改革思想を信奉する勢力が存在する。

竹中平蔵は自分の本の中で、「私の改革思想はワクワク感なんです」と書いているが、竹中を「愛国者」と称える安倍も信者の一人である。

安倍はニッポン放送のラジオ番組で、新年にあたり「デフレだとワクワクしない。今年よりも来年が良くなっていくという中で、ワクワクしていく日本をつくっていくことが今年の新たなテーマだ」「英会話力を向上させていかなければいけない。さらに高いレベルでビジネス、議論を行える、実践で使える英語力を身につけたグローバルな人材を育てていきたい」

などと述べていた。

デフレから脱却する前に、変な宗教から脱却したほうがいい。

「ワクワク系」の政治家は、言動も似たり寄ったりである。

「四年後へのワクワク感を共有していきたいと思います」小池百合子。

「ワクワクする選挙になることは間違いない」橋下徹。

「ワクワクする政治をつくる」蓮舫。

政治がもっとも遠ざけなければならないのは浮ついた気分である。

小泉進次郎は、トランプ米大統領誕生のニュースを見て、「とうとう、日本人の底力が試される時代がきたぞ」とワクワクしたという（朝日新聞デジタル　二〇一七年一月一六日）。

見えたのは「日本人の底」だろう。

小泉進次郎／自民党の衆議院議員。内閣府大臣政務官兼復興大臣政務官、自民党青年局長などを歴任。

構造改革について③　二〇一五年一月二二日　新経済連盟新年会

先ほど、三木谷さんからご紹介をいただきましたが、新経済連のご要望はほとんど、われわれがやらさせていただいているのではないかなと、こんなように思います。

おぞましい。

ゲロ吐くよ。

二〇一五年一月二二日、新経済連盟の新年会で安倍は挨拶。

「昨年末、皆さまのご支持をいただきまして、引き続き、内閣総理大臣の重責を担うこととなりました。新たな年を迎え、あらためて身の引き締まる思いであります。今年も経済最優先で政権運営にあたっていく考えであります。

三木谷（浩史）さんや金丸（恭文）さんには、産業競争力会議、ＩＴ総合戦略本部、規制改革会議にも参加をいただき、私の改革を強力にサポートいただいており、大変心強い限りでございました。感謝申し上げるとともに、今年も引き続きよろしくお願いしたいと思います。

先ほど、三木谷さんからご紹介をいただきましたが、新経済連のご要望はほとんど、われわれがやらさせていただいているのではないかなと、こんなように思います」

会場に笑い声が出ると、安倍はこう続けた。

「私たちも感謝申し上げますが、皆さんにもちょっと感謝していただきたいと思います」

おぞましい。

安倍の視野に入っているのは、国民ではなく、三木谷である。

三木谷浩史／実業家。楽天株式会社の創業者で代表取締役会長兼社長。英語を社内公用語にした。

人口減少について　二〇一六年九月二一日　ニューヨークでの講演

日本は高齢化しているかもしれません。人口が減少しているかもしれません。しかし、この現状がわれわれに改革のインセンティブを与えます。日本の人口動態は、逆説的ですが、重荷ではなくボーナスなのです。

二〇一六年九月二一日、安倍はニューヨークで金融関係者らを前に講演し、日本の高齢化や人口減少について「重荷ではなくボーナスだ」「日本の人口動態にまったく懸念を持っていない」などと意味不明な発言を連発。だったら、一連の少子化対策や移民政策の目的は何なのか？

懸念を持たない理由としては、「日本はこの三年で生産年齢人口が三〇〇万人減少したが、名目GDPは成長した」だって。

何を言っているのかさっぱりわからない。

安倍は少子化対策として、「希望出生率一・八の実現を目指し大家族で支え合うことを支援するため祖父母・親・子供の三世代が同居したり近くに住んだりすることを促進するような住宅政策を検討・実施するよう指示」を出している。

しかし、三世代が同居することで、出生率が上がるデータは存在しない。

東京新聞（二〇一六年八月一日）によると、三世代同居を進めている先進国は少子化を克服できていない。

福井県のように三世代同居が多く、出生率も高い地域もあるが、これは土地が広く、大きな住宅が建てやすい地域性が関連していると思われる。都市部では不可能だ。

二〇一〇年の国勢調査などを基にした日本経済研究所の調査では、三世代同居率が高いのは山形県や福井県、富山県など。一方で同年の合計特殊出生率が高いのは沖縄県や島根県、宮崎県などで、必ずしも「三世代同居率の高い地域は出生率が高い」とはいえない。

無責任な発言を垂れ流す安倍の存在が、わが国最大の重荷なのだ。

保護主義について　二〇一六年一一月一一日　参院本会議

わが国がＴＰＰを承認すれば、保護主義の蔓延を食い止める力になる。

安倍には世界が見えていない。

それが一連の空回りにつながったのだろう。

ドナルド・トランプは大統領選で「ＴＰＰは米国の製造業に致命的な打撃をもたらす」と訴え、大統領就任と同時にＴＰＰから脱退すると明言。二〇一七年一月二〇日の就任演説では、「アメリカ第一主義」を掲げ、アメリカの国益を最優先にする姿勢を鮮明にした。

「われわれは権限をワシントンからあなたたちアメリカ国民に移行する。忘れられていた人たちがもはや忘れられることはない」

「アメリカは再び勝利する。雇用を取り戻し、国境を回復し、富を取り戻す。そして夢を取り戻す」

就任式直後には、約束どおりTPPからの離脱を表明。

それはそれでいい。

問題は、わが国の中枢に「アメリカ第一主義」を掲げる猿がいることだ。

トランプが保護主義と製造業の復活を唱える中、安倍がやろうとしているのはカジノ誘致と移民政策。「国境や国籍にこだわる時代は終わった」らしいが、この先、完全にアメリカに食い物にされるのだろう。

トランプは「日本は公正ではない」と繰り返しており、極端な市場開放を求めてくるのは目に見えている。

二〇一七年一月二六日、安倍は衆院予算委員会で「粘り強くTPPの働き掛けを行っていくが、経済連携協定（EPA）、自由貿易協定（FTA）は全くできないということはない」と述べ、二国間交渉を排除しない考えを示した。

最初から股を開いているんだから仕方がない。

安倍は「（トランプに）TPP承認を促す」「わが国がTPPを承認すれば、保護主義の蔓延を食い止める力になる」などとアホなことを言っていたが、国益という言葉を知らない

保護主義を訴え勝利したトランプ。

んですかね。国益にかなうなら保護主義を選べばいいし、そうでないならやめればいいだけの話。

関税をかけることができるのは国家の権利である。

保護主義自体を否定するのは、政治の放棄に等しい。

TPPについて　二〇一六年二月五日　官邸

副大臣じゃなく、副総理級だ。貫禄があってよかった。

二〇一六年二月五日、安倍はTPP署名式に和服姿で出席した副大臣の高鳥修一と官邸で会い「副大臣じゃなく、副総理級だ。貫禄があってよかった」と語ったそうな。高鳥本人が記者団に明らかにした。ほめられたことを自分で明かしているのも救いがないが、高島は以前こう言っていた。

「私はTPPについて国家主権の放棄であり、平成の『開国』どころか平成の『売国』だと考えている。政治家の中にもいろんな考えや判断があるけれど、TPP問題は日本を守る断固とした決意のある『保守政治家』か否かのリトマス試験紙みたいなものだ」

たしかにTPPはリトマス試験紙である。

「平成の売国奴」が誰なのかは明らかだ。

高鳥は、副大臣に任命されると、ＴＰＰ交渉を担いながら金銭授受問題で辞任した甘利明の代わりにニュージーランドで開かれた署名式に出席。現地で好待遇を受けたことをネットで自慢した。

「私一人に空港まで六台の白バイとパトカー、上空からヘリコプターが警護に付く厚遇でした。ブルーチーズは美味しかったです！」

防衛大臣の稲田朋美も、かつて「ＴＰＰバスの終着駅は、日本文明の墓場なのだ」「（ＴＰＰ受け入れは）日本が日本でなくなること、日本が目指すべき理想を放棄することにほかならない」「ＴＰＰは日本をアメリカの価値観で染めるということですから。そんなことをしているうちに、日本はつぶれてしまいますよ」などと述べていたが、安倍に重用されるようになると態度を翻した。安倍の周辺は口先だけのデタラメな連中ばかりである。

高鳥修一／自民党の衆議院議員。内閣府副大臣。TPP 反対派から賛成派へ転向。

女性の活用について　二〇一六年一〇月二日　ＳＴＳフォーラム

新しいアイデア、イノベーション、いままでなら想像もできなかったことなどが、女性の脳細胞から現れるという、そこに期待がかかります。

二〇一六年一〇月二日、京都市内で行われたＳＴＳフォーラム（科学技術と人類の未来に関する国際フォーラム）で、安倍はスピーチ。

「科学と技術が社会を『どう変えるだろうか』などと、問うている場合ではないのでありまして、科学、技術は、何としても、『世の中を変えなくてはならない』。それ以外にないわけです」「新しいアイデア、イノベーションが、女性の脳細胞から現れる」などと意味不明の発言を連発した。

安倍はこう続ける。

「振り返ってみますと、いかなる場合も、革命は、どんなものであれ、『中心』から起きたためしはほとんどありません。だいたいいつも、『周辺』から起きるものです」

そして、日本は男性中心社会だから、女性の脳細胞に期待したいとのこと。基本的に安倍は女性をバカにしているのだ。

安倍いわく「私の場合は、マイクロセンサーのロボットがあったらいいなと思います。腸に抜かりなく目を配って、潰瘍性大腸炎が落ち着いているか見てくれるロボットです。ちなみに、飲んでいるクスリのおかげでずっとうまくいっておりまして、あんまりうまくいっているので、『マリオ』にさせられたりしました」。腸の中より、頭の中を見てもらったほうがいい。

現在、革命は政権の「中心」から発生しているのだ。

想像もできなかった悪夢が安倍の
単細胞から現れる可能性もある。

ブラック企業について　二〇一六年一月八日　衆院予算委員会

(ブラック企業ワタミの過労死について)個別の事案については、コメントを控えたいとこのように思います。

二〇〇六年一一月二二日、国会で安倍はこう語っている。

「あるいは人のために尽くしたり、公共の利益になるという観点から奉仕をしたり、自分のやりたいことも少し我慢しよう、そういう思いに対するいわば尊重とか敬意、そういう点について教育の現場で重点的に教えてこられたかどうかという反省はあると思います」

だが、公共の精神、道徳心が完全に欠如した連中とつるんできたのが安倍ではないか。ブラック企業の飲食店チェーン・ワタミ会長の渡邉美樹を自民党に入れたのも安倍である。

渡邉は二〇一三年の参院選比例代表に公認されたことについて、安倍と都内で会食した際に「今までの経験を政治に生かしてくれないか」と出馬を要請されたと説明。なお、渡邉は二〇〇六年の第一次安倍内閣でも教育再生会議のメンバーに就任している。

渡邉の公認をめぐっては、撤回を求める署名活動やデモが行われ、党内からも反発が出た。

女性従業員が入社二カ月後に飛び降り自殺した件では、和民は、七日間連続の深夜勤務に加え、月一四〇時間に及ぶ時間外労働を強いていた。神奈川労災補償保険審査官が労災適用を認定すると、渡邉はツイッターで「労災認定の件、大変残念です」と発言。

二〇一六年一月八日、民主党の山井和則が居酒屋「和民」で働いていた社員の過労自殺訴訟で和解が成立したことに関し、「なぜブラック企業と批判を受けている人を公認したのか。ブラック企業が栄える社会をつくりたかったのか」と追及すると、安倍は「個別の事案については、コメントを控えたい。渡邉氏については職責をしっかりと果たしていただきたい」と答えた。安倍による道徳の破壊は進行中である。

渡邉美樹／ブラック企業として有名なワタミの創業者。

すくすく育てる 安倍ドリル

安倍の兄貴分・亀井静香が
安倍につけたあだ名は何？

1 ムード右翼

2 ジューシー安倍

3 ホラッチョ安倍

正解

1 ムード右翼

少し難しかったかな。答えは1番の「**ムード右翼**」。

2番の「ジューシー安倍」は、何を食べても「ジューシー」と言うところからつけられたあだ名だね。桃を食べても、トマトを食べても、メロンを食べても、シャインマスカットを食べても、ローストビーフを食べても、ビーフジャーキーを食べても、あんぽ柿を食べても感想はすべて「ジューシー」。極端に語彙が少ないよね。3番の「ホラッチョ安倍」は、詐話師ショーンKの高校時代のあだ名が「ホラッチョ川上」だったことからつけられたあだ名。ちなみに亀井静香先生はこう言っていたよ。

「安倍晋三は弟のように可愛がってきた男です。時々、携帯電話で注意するんですが、本人はわかっているんです。けれどもいまは夢の中にいる」「安倍は右バネでは総理になれないと思っていたら、なってしまった。安倍を総理にすることに一生懸命になったのは、私の子飼いの連中ばかりで、いい奴だし能力もある者たちですが、彼らには経済政策、財政政策、外交政策をきちっとやらせる力はない。だから、安倍が総理になって、真空地帯ができてしまった」(『安倍「壊憲」政権に異議あり』)

早く夢から覚めればいいね。

おわりに　安倍のふり見てわがふり直せ

ここまで読んでくださった方は、安倍が「保守」の対極に位置する政治家であり、文明社会がもっとも遠ざけなければならない人間であることを理解していただけたかと思います。

論点をまとめましょう。

政治思想的に見れば、安倍は「極左グローバリスト」ということになると思います。

安倍みたいな政治家がもてはやされるのは、大衆社会が最終段階に近づいたからです。

目が覚めない人はいつの時代にもいます。その中でも、最底辺にいるのが、「安倍さんは大局を見て動いている」とか「野党がひどいから他に選択肢がない」とか「外交ではそこそこうまくやっている」とか「グローバリズムが既定路線である以上、そこで生きぬく道を探るしかない」とか言っているレベルの人たちです。

彼らにはこのように世界が見えているらしい。

「安倍さんは拉致問題や靖国問題に信念を持ってやってきた政治家だ。売国集団の民主党から政権を取り戻してくれた。安倍さんのおかげで株価は二倍になった。憲法はGHQに押し付けられたものだから、安倍さんの言うとおりに変えるのが当然だ。こんな偉大な総理はこれまでいなかった。安倍がダメだという奴は左翼に違いない。政策がダメだというなら対案を示せ。野党の安倍批判はすべてブーメラン。安倍さんの手法は乱暴なところもあるが、中国や北朝鮮の問題が山積する中、急いでいるのだから仕方ない」

ミジンコ脳って幸せですね。

一方、左翼は左翼で頓珍漢な批判を繰り返すだけ。

「安倍は偏狭なナショナリストだ」「排外主義者だ」「復古主義者だ」「日本を戦前に戻そうとしている軍国主義者だ」と。本文で述べたとおり、的外れもいいところです。ナショナリストが「国境や国籍にこだわる時代は過ぎ去りました」などと言うはずがないし、排外主義者が大量の移民を国内に入れようとするわけがないでしょう。

福田恆存は嘆いた。

蟹は自分の甲羅に似せて穴を掘るというが、人間は相手の甲羅に似せて穴を掘る。日本の革新派は保守派の水準の低さを嘲笑《あざわら》うがその水準は革新派の水準によって定まったもので、軽々しくそれを笑うことは出来ない。革新派がそういうことに気づかぬかぎり、少なくとも私は革新派を支持できない。もちろん、そのことは逆にも言える。保守派の水準が低いために、革新派の水準が低くなったのだとも言えよう。

（「私の保守主義観」）

結局、お花畑左翼も自称保守も同じ穴の狢《むじな》。鶴田浩二（一九二四〜八七年）

の「傷だらけの人生」ではありませんが、右を向いても左を見てもバカと阿呆のからみ合いです。

古い奴こそ新しいものを欲しがるものです。

革新だの改革だの維新だの新しい国だのと騒いできた忘恩の徒を担いできたのが、この四半世紀の「保守論壇」ではないか。そこには、戦後日本の病理ともいえる「革新幻想」が存在する。

何をどのように変えるかではなくて、とりあえず現状を破壊すれば理想が近づくという幼稚な、無責任な、甘ったれた、戦後的な、卑劣な、腐った、病的な、学生運動的なメンタリティーが左右を問わず蔓延している。平和ボケも限界を突破し、左も右も腐臭を放つ中、本質的な議論は隠蔽され、安倍の暴走が続いていています。

すでに世界はひっくりかえっている。

保守の対極に位置する連中が「保守」を名乗り、権力の中枢にもぐり込み、国の解体を始めた。それを自称保守の売国メディアが礼賛する。

あらゆる保守思想家は、すでに警告を発していた。

保守主義は近代をうまく取り扱う技術である。

そう考えれば、わが国には保守が根付かなかったというしかない。

こうした状況を恥ずかしいと思う人。

それでも日本を信じたい人。

歴史と伝統に恩義を感じている人。

忘恩の徒を許しがたいと思う人。

そういう人は、思考を止めないかもしれない。

そして、常識が消滅した世界では、常識をあらためて見いだすしかないことに気づくはずだ。

本書で述べたとおり、それこそが、保守主義なのである。

なお、本文の一部に『新潮45』で発表した文章を加筆修正の上、組み込みました。また、旧仮名遣いは現代仮名遣いに統一、敬称は一部を除き省略させていただきました。

適菜 収

参考文献

『決定版 三島由紀夫全集』(新潮社)
『ニーチェ全集』(ちくま学芸文庫)
『小林秀雄全集』(新潮社)
『ハイエク全集』(春秋社)
『フランス革命についての省察ほか』バーク／水田洋、水田珠枝訳(中公クラシックス)
『大衆の反逆』オルテガ・イ・ガセット／神吉敬三訳(ちくま学芸文庫)
『ゲーテとの対話』エッカーマン／山下肇訳(岩波文庫)
『政治における合理主義』マイケル・オークショット／嶋津格ほか訳(勁草書房)
『保守とは何か』福田恆存／浜崎洋介編(文春学藝ライブラリー)
『アメリカのデモクラシー』トクヴィル／松本礼二訳(岩波文庫)
『革命について』H・アレント／志水速雄訳(ちくま学芸文庫)
『全体主義の起原』H・アレント／大久保和郎、大島かおり訳(みすず書房)
『世界の名著「法の精神」』モンテスキュー／井上堯裕訳(中央公論社)
『安倍でもわかる政治思想入門』適菜収(KKベストセラーズ)

写真提供　アフロ／朝日新聞社／毎日新聞社／時事通信フォト

著者略歴

適菜 収（てきな・おさむ）

1975年山梨県生まれ。作家、哲学者。ニーチェの代表作『アンチ・クリスト』を現代語訳にした『キリスト教は邪教です！』、『ゲーテの警告 日本を滅ぼす「B層」の正体』、『ニーチェの警鐘 日本を蝕む「B層」の害毒』、『ミシマの警告 保守を偽装するB層の害毒』（以上、講談社＋α新書）、『日本をダメにしたB層の研究』（講談社＋α文庫）、『日本を救うC層の研究』、呉智英との共著『愚民文明の暴走』（以上、講談社）、『なぜ世界は不幸になったのか』（角川春樹事務所）、『死ぬ前に後悔しない読書術』、本書の姉妹編『安倍でもわかる政治思想入門』（以上、KKベストセラーズ）など著書多数。

安倍《あべ》でもわかる保守思想入門《ほしゅしそうにゅうもん》

2017年4月5日　初版第１刷発行

著者　適菜《てきな》 収《おさむ》

発行者　栗原武夫

発行所　KKベストセラーズ
〒170-8457 東京都豊島区南大塚2-29-7
電話 03-5976-9121
http://www.kk-bestsellers.com/

印刷所　錦明印刷

製本所　ナショナル製本

DTP　三協美術

装丁　フロッグキングスタジオ

  ISBN 978-4-584-13783-3 C0031